DECIDÍ VIVIR COMO SOY

*Un checklist ilustrado para dejar
de compararte con los demás
y aprender a quererte*

Kim Suhyun

OCÉANO

DECIDÍ VIVIR COMO SOY
Un checklist ilustrado para dejar de compararte con los demás y aprender a quererte

Título original: 나는 나로 살기로 했다 (I DECIDED TO LIVE AS ME)

© 2022, Kim Suhyun
© 2024, Anton Hur (por la traducción al inglés)

Publicado según acuerdo con Penguin Life, un sello de Penguin Publishing Group, una división de Penguin Random House LLC

Traducción al español: Karina Simpson

Ilustraciones de portada e interiores: Kim Suhyun
Diseño: Nerylsa Dijol

D.R. © 2024, Editorial Océano de México, S.A. de C.V.
Guillermo Barroso 17-5, Col. Industrial Las Armas
Tlalnepantla de Baz, 54080, Estado de México
info@oceano.com.mx

Primera edición: 2024

ISBN: 978-607-557-938-2

Impreso en México / Printed in Mexico

El tiempo pasa y todo cambia,
pero siempre serás tú mismo.

ÍNDICE

SEGUNDA PARTE

CHECKLIST PARA VIVIR COMO TÚ MISMO

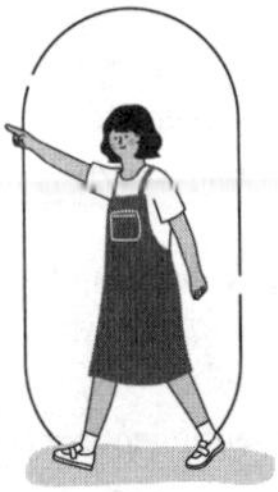

TERCERA PARTE

CHECKLIST PARA NO DEJARTE VENCER POR LA ANSIEDAD

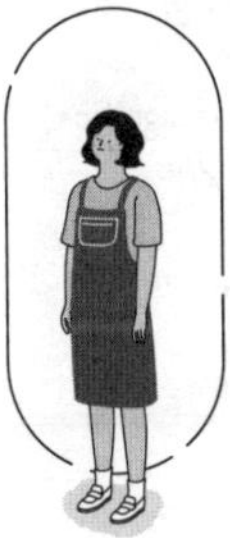

CUARTA PARTE

CHECKLIST PARA LA CONVIVENCIA

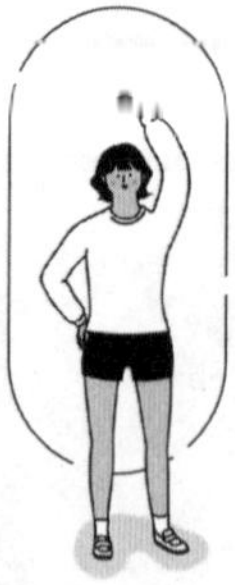

QUINTA PARTE

CHECKLIST PARA UN MUNDO MEJOR

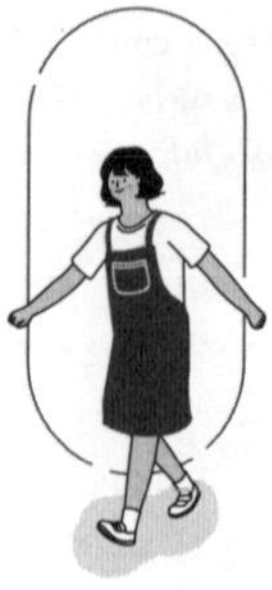

SEXTA PARTE

CHECKLIST PARA UNA VIDA BUENA Y CON SENTIDO

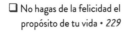

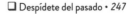

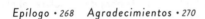

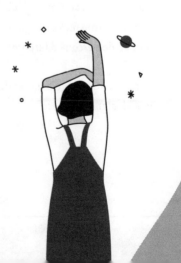

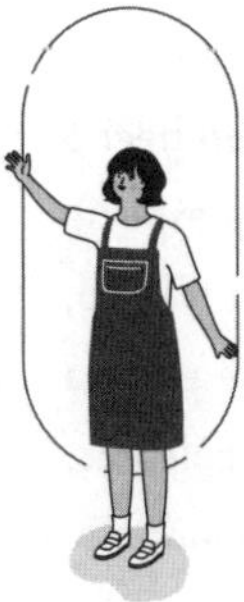

PREFACIO

Han pasado cinco años desde la primera publicación en coreano de *Decidí vivir como soy*. Una de las preguntas que más me han hecho es: "¿Qué te llevó a escribir este libro?". Bueno, antes tenía una especie de checklist para la vida: ir a la universidad, conseguir un buen trabajo, casarme, comprar un departamento, tener hijos y convertirme en una adulta de gusto refinado con un estilo de vida cómodo. En otras palabras, vivir como todos los demás, o como si todos estuvieran observándome.

Pero, curiosamente (por razones que ahora comprendo muy bien), esto nunca llegó a buen puerto. Sin poder marcar las primeras casillas, no podía pasar a las siguientes. Mi fracaso a la hora de completar el checklist de mi vida me hizo sentir muy avergonzada de mí misma.

¿Qué había hecho mal? ¿Debería haber escuchado más al mundo, debí concentrarme más u obligarme a esforzarme más? ¿O debería haber sido un tipo de persona diferente?

Pero mientras seguía haciéndome preguntas, de repente se me ocurrió una idea: *¿Y si no es eso?*

En cuanto pensé: *¿Y si no es culpa mía?*, empecé a darme cuenta de los problemas de nuestra sociedad. En el momento en que pensé: *¿Y si mi vida ideal no es la única respuesta?*, comencé a buscar otras soluciones. En el instante en que pensé: *¿Y si los demás están equivocados?*, me armé de valor para vivir la vida de escritora.

Este libro empezó con la idea *¿Y si no es eso?*, y con todas las preguntas y respuestas subsiguientes.

A partir de esa pregunta encontré muchas respuestas y hallé la fuerza para dejar atrás las mentiras que rodeaban mi vida y aceptarme tal como era. Fue una experiencia tan liberadora que quise compartirla con los lectores.

Aun así, espero que este libro no te haga sentir como si estuviera tratando de imponerte algo. Lo único que te pido es que te cuestiones las cosas como yo empecé a hacerlo, que te alejes de nuestras convenciones sociales y trates de encontrar tus propias respuestas.

Durante los días que trabajaba en el libro volvía a casa por la tarde con una sensación de ligereza, una sensación tan refrescante que todavía pienso en ella de vez en cuando.

Espero que este libro te ayude a experimentar esa sensación. Cinco años después, sigo animándolos a todos ustedes en el viaje de su vida. Buena suerte a todos y a seguir viviendo bien.

Kim Suhyun

INTRODUCCIÓN

Al reflexionar sobre mi pasado, me di cuenta de que siempre quise saber el "porqué". Cuando mis profesores me pedían que hiciera algo, yo respondía: "¿Por qué?". Pensaban que hacía las cosas difíciles, pero yo lo preguntaba por auténtica curiosidad. No podía evitar hacer preguntas y buscar respuestas.

Luego me volví adulta y empecé a sentirme pequeña y patética. Una sombra de persona, sin nada a lo que llamar mío y sin logros reales. ¿Cómo pude acabar así?

Me preguntaba en qué me había equivocado. ¿Había elegido la carrera equivocada? ¿Debería haber estudiado más? ¿Debería haber continuado en ciertos trabajos en lugar de renunciar? Por mucho que pensaba, no podía encontrar nada de que hubiera hecho mal.

Había cometido algunos errores y me faltaba dirección, pero ¿no es eso parte del crecimiento? Igual que siempre había querido saber por qué, cuando era estudiante, quería descubrir por qué me sentía patética, a pesar de no haber hecho nada equivocado.

Recurrí a los libros, no porque leer fuera un pasatiempo, sino porque quería encontrar respuestas. ¿Por qué me sentía tan insignificante? ¿Por qué lo que hacía no era suficiente? ¿Por qué era tan irrelevante?

Al final, llegué a la conclusión de que, aunque el mundo no me valore, tengo que respetarme y vivir con confianza en mí misma. Este libro ahonda en las razones por las que me sentía patética y mis reacciones ante todas las cosas que me hacían sentir así.

A lo largo de mi carrera, las cosas que he escrito quizás hayan ayudado a uno o dos lectores, aunque sólo sea por un momento. Pero lo que realmente he querido hacer es crear una fuente de sanación y apoyo que permanezca con ellos durante más tiempo.

Quiero decirles a los que, como yo, siguen culpándose cuando no tienen la culpa: no es culpa suya.

Está bien vivir como son.

DECIDÍ VIVIR COMO SOY

META

Que una persona común y corriente suelte lo que no es, para sobrellevar el juicio de los demás y seguir viviendo exactamente como es.

PRIMERA PARTE

Checklist para una vida que respete quién eres

Medicina, derecho, negocios, ingeniería: son actividades

nobles y necesarias para sustentar la vida.

Pero la poesía, la belleza, el romanticismo, el amor:

es lo que nos mantiene vivos.

—*La Sociedad de los Poetas Muertos*

☑ NO SEAS CORTÉS CON QUIEN NO LO ES CONTIGO

C uando salí de la universidad realicé una pasantía. La primera jefa que tuve, en mi primer trabajo, me trató como... ¿una sirvienta? Básicamente, ella me hacía *bullying*. Me pedía que moviera diez centímetros el monitor que tenía justo frente a ella, me insultaba por el más mínimo error. Era mi primer trabajo en una empresa, y con una oferta de empleo de tiempo completo en juego, me debatía entre quedarme o irme. Cada día en aquel trabajo me hacía comprender que el *Homo internus* era el ser más bajo de la cadena alimentaria de la empresa.

Varios años después de terminar la pasantía, estaba acostada en la cama cuando, de repente, aquel recuerdo me consumió de furia.

Lo que yo no soportaba no era tanto su comportamiento, sino el hecho de que yo lo permití. No es que ella fuera todopoderosa, pero no le decía ni una palabra en mi defensa, y eso sólo la animaba a actuar peor.

No es lo mismo, pero se dice que quienes fueron torturados por su participación en el movimiento democrático de Corea del Sur sufrieron más pero no por el dolor físico que padecieron, sino por sus humillantes intentos de apaciguar a los torturadores.

Quizá no sea culpa nuestra, pero el verdadero golpe mortal a nuestra dignidad no es el maltrato que soportamos, sino la humillación con que la respondemos a él.

No te molestes en ser cortés con los que no son amables contigo, con los que no te respetan. Incluso en situaciones degradantes, al menos puedes conservar algo de tu dignidad.

ᔕᔕᔕᔕᔕᔕᔕᔕᔕᔕᔕᔕᔕᔕᔕᔕᔕᔕᔕᔕᔕᔕᔕ

INCLUSO SI NO PODEMOS CAMBIAR LA SITUACIÓN,

DEBEMOS DAR UN PASO ATRÁS PARA PROTEGER

NUESTRA DIGNIDAD DEL PEOR TIPO DE GENTE.

ᔕᔕᔕᔕᔕᔕᔕᔕᔕᔕᔕᔕᔕᔕᔕᔕᔕᔕᔕᔕᔕᔕ

*Lo que les da fuerza a los bullies
no es su posición, sino la
impotente cortesía del acosado.*

Métete en tus
propios asuntos.

¡CARAJO!

✓ NO TE ESFUERCES EN SENTIRTE MISERABLE

Cuando entré por primera vez en el nuevo mundo que era Instagram, mi feed me mostraba aleatoriamente a una mujer cuyos pechos eran tan grandes que prácticamente le cubrían el torso. Sus publicaciones irradiaban lujo. Era guapa, delgada, vestía ropa cara y siempre estaba de viaje. Pero lo que me sorprendió no fue su lujoso estilo de vida, sino su número de seguidores.

¿Por qué había tanta gente obsesionada con ella? Mirar sus fotos me hizo sentir triste por el sabroso kimbab de la tienda de conveniencia que comí esa mañana y la bonita bolsa con lentejuelas que "conseguí" por sólo 8,900 wones.

Las redes sociales hacen que sea muy fácil husmear sobre los demás y sus vidas perfectas.

Pero ¿ese voyerismo es realmente libre? En su libro *El arte de no amargarse la vida. Las claves del cambio psicológico y la transformación personal*, Rafael Santandreu sostiene que husmear en la vida de los demás y compararla con la nuestra es la forma más fácil de volvernos desgraciados.

Tal vez veamos el perfil de alguien en las redes sociales por curiosidad y paguemos el precio con sufrimiento. No se gana nada con eso. Es mejor usar tu energía y tu curiosidad en cuidarte a ti mismo.

Así que sé amigo de alguien, no un miembro de su audiencia.

En comparación con el resumen superficial de las vidas que los demás muestran a través de las fotos, la realidad de nuestras propias experiencias sin duda es más valiosa.

^^^^^^^^^^^^^^^^^^^^^^^^^^^^

NO TE ESFUERCES

EN SENTIRTE MISERABLE.

^^^^^^^^^^^^^^^^^^^^^^^^^^^^

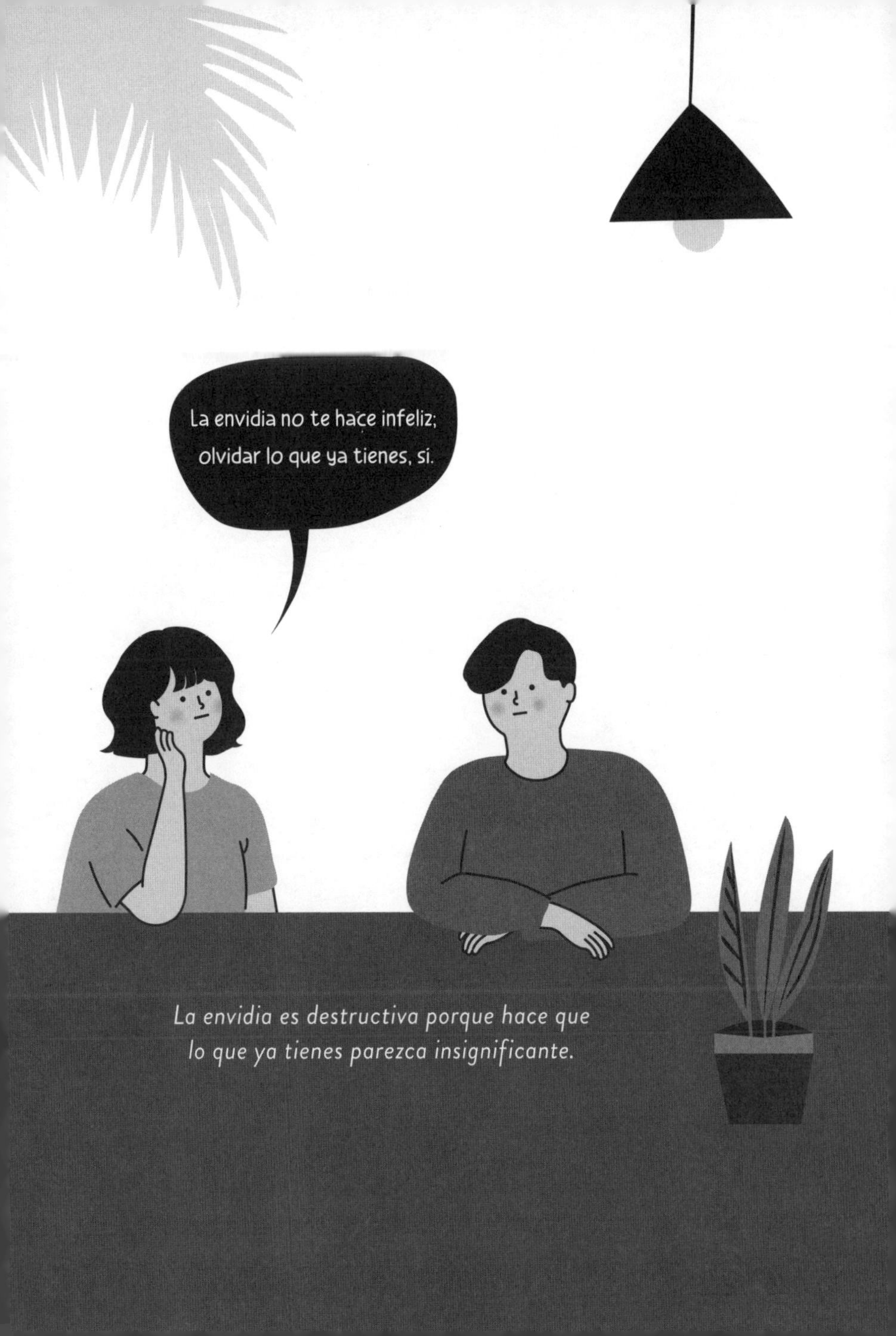
La envidia no te hace infeliz;
olvidar lo que ya tienes, sí.

La envidia es destructiva porque hace que lo que ya tienes parezca insignificante.

☑️ NO TE DEJES HERIR POR QUIENES SÓLO ESTÁN DE PASO POR TU VIDA

He empezado a darme cuenta de que, conforme voy creciendo, la gente a la que realmente queremos ver tiene problemas para dedicarnos tiempo. Sin mencionar a las personas que nos desagradan o con las que no nos llevamos bien, como mi compañera de preparatoria Eunkyung o el señor Park, de contabilidad. Al final, son personas que sólo están de paso.

Aun así, nos permitimos sentirnos heridos cuando nos dicen que no pueden vernos porque están demasiado ocupados con el trabajo, o cuando nos critican, pero afirman que lo hacen porque les preocupamos, disfrazando los insultos como preguntas.

No sólo es una pérdida de tiempo gastar el doble de tu sueldo en una bolsa de lujo u obsesionarte con el estilo de vida de alguien famoso. Dedicar tu energía mental a quienes sólo están de paso por tu vida también es un desperdicio.

No gastes tu energía en un jefe del que ni siquiera te acordarás después de renunciar, ni en un pariente al que sólo ves de vez en cuando, ni en el chismoso de la oficina que te insulta con una sonrisa, ni en un colega que evidentemente conspira contra ti, ni en nadie que no signifique nada para ti.

^^^^^^^^^^^^^^^^^^^^^^^^^^^^^^

POR EXASPERANTES, IRRITANTES Y ODIOSAS QUE SEAN ALGUNAS PERSONAS, AL FINAL SÓLO ESTÁN DE PASO POR TU VIDA.

^^^^^^^^^^^^^^^^^^^^^^^^^^^^

☑ DESHAZTE DE LOS NÚMEROS DE TU VIDA

L o siguiente proviene de un meme que califica a alguien como de clase media en todo el mundo:

REINO UNIDO (SEGÚN UN ESTUDIO DE LA UNIVERSIDAD DE OXFORD):

- O Tiene sus propias convicciones y opiniones
- O No es imprudentemente necio
- O Protege a los débiles y confronta a los fuertes
- O Está listo para luchar contra la injusticia, la desigualdad y la ilegalidad

FRANCIA (SEGÚN LOS ESTÁNDARES DE "CALIDAD DE VIDA" DEL PRESIDENTE POMPIDOU):

- O Habla al menos un idioma extranjero y tiene una visión global
- O Puede cocinar al menos un guiso lo bastante bien como para servir a los demás
- O Trabaja como voluntario
- O Puede regañar a los hijos de los demás como si fueran propios

COREA (SEGÚN UNA ENCUESTA DE UN SITIO WEB DE INFORMACIÓN SOBRE EL EMPLEO):

- O Puede pagar un departamento de tres habitaciones sin recurrir a préstamos

- Tiene ingresos de al menos cinco millones de wones al mes
- Tiene un coche mediano o más grande
- Tiene 100 millones de wones en el banco
- Viaja varias veces al extranjero al año

¿Qué incluyen los estándares coreanos que no incluyen los del Reino Unido y Francia?

Números.

Una vez, navegando por internet, me topé con un anuncio que ofrecía decirme mi "puntuación matrimonial". No era de una página de adivinación, como pensé al principio, sino de una agencia matrimonial. Escribes tu edad, altura, peso, patrimonio neto, ingresos y demás para que te califiquen como si fueras carne de res en un mercado. ¿Puede haber una inteligencia artificial más coreana que ésa?

Nos gusta tanto asignar números a las cosas que, de forma natural, aceptamos asignarnos números a nosotros mismos.

En esta vida de números, nos obsesionamos por tener los números correctos en nuestro currículum, determinamos a quién vale dedicarle nuestro tiempo según cuán grande sea su casa, y durante las huelgas o protestas no denunciamos los problemas subyacentes sino lo que cuestan. Cuando sólo se buscan números se olvida el verdadero valor.

Los números son muy fáciles de comparar. No se puede equiparar un círculo con un triángulo, pero cualquiera puede comparar 1 contra 2. Al final, la vida de los números consiste en clasificarnos y compararnos unos con otros.

En este juego tememos no estar a la altura, por lo que constantemente comprobamos nuestra posición en la clasificación. Pero ¿todo en la vida puede medirse con números?

El coeficiente intelectual no es una medida de sabiduría, el número de amigos que tenemos no dice nada sobre la profundidad de nuestras amistades, el número de habitaciones de la casa de alguien no garantiza una familia feliz y los ingresos anuales de alguien no reflejan su integridad.

El verdadero valor no puede medirse en cifras. Si quieres ser tú mismo y no alguien simplemente "superior" a los demás, debes eliminar los números de tu vida.

∧∧∧∧∧∧∧∧∧∧∧∧∧∧∧∧∧∧∧∧∧∧∧

**LO QUE ES VERDADERAMENTE IMPORTANTE
EN LA VIDA NO PUEDE EXPRESARSE EN NÚMEROS.**

∧∧∧∧∧∧∧∧∧∧∧∧∧∧∧∧∧∧∧∧∧∧∧

Edad

Altura

Clasificación escolar

Peso

Puntuación TOEIC*

Promedio escolar

Ingresos anuales

Tamaño del departamento

¿Quién eres sin tus números?

* El Test of English for International Communication (TOEIC) es una prueba de dominio del inglés utilizada en todo el mundo por las empresas en sus procesos de contratación.

☑ NO DEJES QUE TE AFECTE
LO QUE DIGAN LOS DEMÁS

Jungmi, mi lectora y amiga de redes sociales, es una persona encantadora y cálida. Tiene un novio cariñoso del que habla con frecuencia, y su amor ha reavivado mi moribunda fe en las relaciones. Pero entonces un desconocido publicó un comentario, diciendo que ella debería "dejar de lado ese contenido amoroso" porque había gente que no era tan afortunada como ella.

Por supuesto, hay quien publica demasiado en las redes sociales, pero te aseguro que ella no es una de esas personas. El comentario provocó que dudara de sí misma. Pero la culpa fue de quien escribió el comentario, que no había enfrentado sus propios problemas.

Siempre habrá gente que nos malinterprete y nos ataque basándose en sus interpretaciones distorsionadas. Aquellos que solían estar confinados en las secciones de comentarios de las publicaciones en línea ahora deambulan libremente por las secciones de comentarios de las redes sociales.

Te doy un consejo sobre cómo tratar a estas personas: en primer lugar, cuando alguien te critique, ten en cuenta que se trata sólo de la opinión de un individuo, y que el individuo en cuestión no es precisamente el rey Salomón o Sigmund Freud.

En segundo lugar, en lugar de sentirte enojado o triste, determina si hay algo de verdad en la crítica. Si la hay, considérala como una oportunidad para mejorar. Y si se trata de algo derivado de los propios problemas de la persona, considéralo como el ladrido de un perro. ¿Y si el perro sigue ladrando? No te limites a escucharlo, toma medidas contra él.

¿Por qué? ¿Por calumniar? No. Por exceso de ruido.

Muestra esta página a los trolls de internet.
Nota: sé que lo eres, pero ¿qué soy yo?

☑ NO VIVAS UNA VIDA DE INSULTOS

Hace poco vi un post en internet lleno de faltas de ortografía. De inmediato la gente inundó los comentarios con la palabra coreana *geukhyeom*, que es la abreviatura de "extremadamente repugnante". No entendía qué tenía de repugnante. No se trataba de un insulto personal al rey Sejong, inventor del alfabeto hangul. ¿Las faltas de ortografía merecían que a la persona se le calificara como repugnante?

Hemos llegado a odiarnos con mucha facilidad.

Con frecuencia, este reciente incremento del odio se atribuye a la desintegración de la clase media. Es de suponer que quienes se sienten amenazados intimidarán a los demás para conservar su estatus. Pero eso no es todo. El odio es demasiado amplio e indiscriminado como para provenir sólo de eso. Me llaman "perra kimchi" simplemente por ser mujer coreana, "sanguijuela laboral" si me caso, pero sigo trabajando en vez de dejarle mi puesto a un hombre, "madre parásita" si llevo a mi hijo a espacios públicos o "sabelotodo" si intento explicar algo.

El autor Kim Chanho afirma que la gente degrada a los demás para superar el vacío que sienten en un mundo en el que ser bastante bueno nunca es suficiente. Estos insultos surgen de una compulsión por sentirse superior, compensar un sentimiento de inferioridad y validar la propia existencia. ¿No es patético?

Los que odian se unen en solidaridad, ocultan las deficiencias de los demás y refuerzan su retorcida visión del mundo. Quienes son objeto de su odio lo devuelven, como el reflejo de un espejo. El resultado es una competencia interminable para determinar quién es el más odioso de todos.

Pero al final, ¿realmente hay satisfacción en confirmar lo odiosos que somos todos? Lo único que se logra es ponernos más nerviosos y tensos.

^^^^^^^^^^^^^^^^^^^^^^^^^^

CREO FIRMEMENTE QUE EN UN MUNDO

DONDE LAS PERSONAS SE ATACAN ENTRE SÍ

NADIE PUEDE SER FELIZ.

^^^^^^^^^^^^^^^^^^^^^^^^^^

✦

Si no limpias la mancha de grasa de la lente de tu propia cámara, el mundo entero quedará manchado para siempre.

En el elevador de una gran tienda departamental, una madre llevaba a su bebé en brazos y éste empezó a llorar. Alarmada, la madre le dijo al bebé que no debía llorar. Me miró y le dije: "No pasa nada". Lo que quise decir fue: "No te juzgaré". De verdad, está bien.

No pasa nada.

☑ NO TE JUSTIFIQUES

Una vez oí hablar de un hombre que se graduó en una buena escuela, pero su historial como activista estudiantil le impidió conseguir trabajo. Odiaba el capitalismo por eso y se negaba a trabajar en un sistema tan injusto. Al final dejó de buscar trabajo y su madre, que era ama de casa, los mantenía a los dos.

Claramente, la lógica de este hombre estaba errada. Criticaba al capitalismo por explotar a sus trabajadores, pero explotaba el trabajo de su propia madre. Quienes lo rodeaban se compadecían de ella y no entendían por qué él ni siquiera intentaba trabajar. ¿Qué lo había convertido en un hipócrita?

Sospecho que, al haberse graduado en una escuela tan buena, tenía grandes esperanzas en sí mismo. Debió sentirse frustrado e impotente ante todos los prejuicios que había en su contra por haber sido un activista estudiantil. Su incapacidad para cumplir con las expectativas que la sociedad tenía puestas en él debió ser un duro golpe para su autoestima.

La humillación y sentirse carente de valor son algunos de los sentimientos más difíciles de enfrentar. Muchos de quienes los experimentan se escudan en el cinismo y culpan a los demás para protegerse.

El problema es que sus excusas no bastan para defenderlos. Sus justificaciones no los engañan ni a ellos mismos. A pesar de sus intentos de ocultar su impotencia y su vergüenza, éstas siguen supurando por debajo de todo.

Como muchos han dicho, lo contrario del amor no es el odio o la rabia, sino la indiferencia. Del mismo modo, lo contrario de vivir no es la muerte ni el envejecimiento, sino la ilusión. Cuando alguien es iluso, niega la realidad y vive una existencia fingida.

El hombre eludió la realidad durante mucho tiempo. Quizá pensó que era más fácil actuar como un mártir de la resistencia que enfrentarse a su vergüenza. Tal vez temía que nuestro mundo crítico le hiciera daño.

Pero no debió malgastar su vida pensando en lo que podría haber sido. Sin importar cuáles fueron las razones de sus resentimientos, debió librarse de ellos y hacer un balance de sí mismo.

Debería sentirse orgulloso de su época universitaria, cuando intentaba hacer del mundo un lugar mejor, y aceptar que algunas cosas no se habían cumplido. De lo que realmente debería sentirse avergonzado no es de su falta de éxito, sino de no haber hecho nada, salvo justificarse a sí mismo.

Aunque éste no sea el futuro que esperaba, y aunque se sienta avergonzado, debe dejar de lado sus excusas y enfrentarse a su verdadero yo.

∧∧∧∧∧∧∧∧∧∧∧∧∧∧∧∧∧∧∧∧∧∧∧∧

LO MÁS IMPORTANTE ES QUE, TRAS CONFRONTARTE

A TI MISMO, TE AGUARDA UN NUEVO COMIENZO.

∧∧∧∧∧∧∧∧∧∧∧∧∧∧∧∧∧∧∧∧∧∧∧∧

"Soy tan patético." "No, no es culpa mía."
Atacar hacia dentro   Atacar hacia fuera

Lo importante es liberarte del resentimiento.

☑️ RECUERDA QUE NADIE TIENE UNA VIDA PERFECTA

En tercero de secundaria, un chico me dijo una vez: "Parece que tienes una vida fácil". Supongo que se dejó llevar por mi actitud alegre y amistosa. Pero en el fondo, yo sentía mucha angustia y me peleaba todo el tiempo con mis papás. Y estaba celosa de otra compañera guapa y popular, cuya vida parecía absolutamente perfecta. Años más tarde, esta misma compañera me confió que tercero de secundaria había sido su año más duro. Fascinante: tanto el chico como yo juzgamos erróneamente a una persona de la misma manera. Creíamos que las vidas de los demás eran perfectas sólo porque parecían tener lo que a nosotros nos faltaba.

¿Hasta qué punto podemos conocer realmente a alguien? En el último episodio del drama *Age of Youth* (escrito por Park Yeon-seon), Jin-myung es blanco de chismes envidiosos cuando se va a China durante un mes: "Ojalá fuera yo", "Ojalá hubiera nacido rica". Pero la verdad es que Jin-myung esperó seis años a que muriera su hermano, que había estado en coma, antes de reunir sus pocos ahorros para viajar al extranjero.

Juzgamos a una persona por su aspecto exterior, pero lo que vemos de ella es sólo la punta del iceberg, así como lo que los demás ven de nosotros es sólo una pequeña parte de lo que somos. Esto se aplica en especial a las dificultades personales, que absolutamente todo el mundo tiene, pero que los demás rara vez ven.

Recuerda siempre que nadie tiene una vida perfecta. A veces, este recordatorio por sí solo es suficiente consuelo.

✦

Al verme frente a mi computadora, un amigo me envió este mensaje: *Siempre estás trabajando tan duro, eres una inspiración.* Todo lo que había estado haciendo era rastrear la entrega de un paquete.

La perspectiva de las heridas

Mis heridas parecen más grandes que las de los demás.

☑ CONFÓRMATE CON SER ALGUIEN COMÚN Y CORRIENTE

Cuando era pequeña e iba en el coche pensaba que el sol me seguía a todas partes. También esperaba convertirme en una superheroína mágica, como Sailor Moon, cuando fuera grande. Si siguiera pensando así, ahora que soy adulta, quizá me diagnosticarían que sufro de delirios. Sin embargo, durante mucho tiempo creí que, aunque no llegara a convertirme en una superheroína que salvara al mundo del mal, con el tiempo me convertiría en una persona especial.

Pero crecí para ser común y corriente. Mi vida no es lujosa ni mucho menos, y muchas cosas me agobian. No puedo comprar todo lo que quiero, ni remotamente. Y cada día es una repetición del anterior, que avanza en línea recta por el estrecho camino que es mi vida.

El momento en que te das cuenta de que te has convertido en un adulto más, es decir, cuando abandonas tus sueños infantiles, es cuando comienza tu adolescencia adulta.

Puede ser un momento triste y amargo, pero quizás el deber de todo adulto sea dejar de lado sus fantasías infantiles y crearse una vida realista. Tal vez nunca me convierta en Sailor Moon ni salve al mundo ni me siente a comer con Warren Buffett ni sea profesora en la Sorbona.

Y quizá mis antiguos compañeros de clase nunca se pongan verdes de envidia al pensar en mí, y tal vez mi familia nunca hable con grandiosidad de mí como alguien que lleva honor a nuestro hogar.

Pero tengo libros que quiero escribir y cosas sobre las que quiero aprender. Quiero pasar tiempo con mi familia, aprender a nadar y pasar horas junto al mar, y conocer gente nueva de diferentes ámbitos que amplíen mi visión del mundo.

Hay muchas limitaciones en mi vida y pocas garantías —además de la muerte y los impuestos, claro—, pero incluso una vida normal no está completamente exenta de promesas.

Tu adolescencia adulta terminará cuando aceptes la naturaleza ordinaria de tu vida y encuentres lo que hay de satisfactorio en ella.

∧∧∧∧∧∧∧∧∧∧∧∧∧∧∧∧∧∧∧∧∧∧∧∧∧

SÓLO CUANDO SE ALCANZA LA ACEPTACIÓN

UNO PUEDE LLEGAR A SER VERDADERAMENTE ADULTO.

∧∧∧∧∧∧∧∧∧∧∧∧∧∧∧∧∧∧∧∧∧∧∧∧∧

Ésta soy yo.

Ser especial no proviene de ser superior,
sino de ser tú mismo.

☑ NO PERMITAS QUE NADIE TE JUZGUE

U na vez, mi amiga tuvo una cita a ciegas y él le preguntó si le gustaba el golf o montar a caballo. No era tanto una expresión de interés por sus aficiones como un interrogatorio sobre su estatus económico.

Evaluar las finanzas de alguien no siempre es malo. Yo misma soy apenas inocente de esto. Pero hay una diferencia entre recabar información para tomar una decisión vital y golpear el rostro de alguien con una calculadora, reduciendo su valor a números.

Esta amiga también me habló de un hombre que la abandonó después de enterarse de dónde vivía, y de otro que, durante su única cita, sólo intentó averiguar a qué se dedicaban sus padres. La hacían sentir como si tuviera que pasar una prueba, y le angustiaba que la juzgaran. Pero, por otro lado, ¿tenía que importarle que la juzgaran?

A mí me da igual cuán rico sea alguien. La gente a la que le gusta calcular esas cosas me parece de mente cerrada y pretenciosa, no sexy. En definitiva, no quisiera casarme con alguien así.

Tal vez yo sea menos que adecuada para ellos. Pero para mí, ellos también lo son.

Lo que quiero es alguien similar a mí; es decir, dos pueden jugar a este juego de juzgar. Entonces, ¿a quién le importa si alguien intenta saber si estoy a su altura en términos económicos?

Qué absurdo. Yo también los rechazo a todos ustedes, rechazados.

¿A QUIÉN LE IMPORTA?
No pregunté, no me importa.

☑ QUE TU MODESTIA NO LLEGUE AL PUNTO DE BAJA AUTOESTIMA

Después de que publicaron mis libros, mis amigos me llamaban Escritora Kim, pero yo lo tomaba como una broma, porque no me consideraba escritora en serio. Aunque en el diccionario la definición de escritor es alguien que escribe, la designación siempre me resultaba incómoda cuando me la adjudicaban.

Entonces escuché la historia de un turista que conoció a un cantinero en un bar europeo. Cuando el cantinero se presentó como poeta, el turista le preguntó: "¿Has publicado algún libro?". El cantinero respondió: "No. Soy poeta porque escribo poemas".

¿Cómo puedo sentirme tan insegura de llamarme escritora, incluso después de haber publicado varios libros, mientras que alguien que nunca ha publicado un libro puede llamarse poeta con tanta facilidad? Además de las diferencias de personalidad, también hay diferencias culturales. En Occidente, donde se pone énfasis en la individualidad y la libertad, se les enseña a los niños a considerarse especiales.

En Corea le damos más importancia a una sociedad armoniosa que a la personalidad del individuo, por eso desde que entramos a la primaria estudiamos una materia llamada Vida Apropiada, que trata sobre cómo llevarse bien con los demás. Nos educan para que dejemos de creernos especiales y de dar prioridad a nuestros propios sentimientos y, en cambio, nos dicen que seamos más sencillos y prestemos más atención a los sentimientos de los demás. Ésta es la base cultural del elevado sentido del *nunchi* de los coreanos —"leer el ambiente"— y de nuestra supuesta modestia que se acerca peligrosamente a la autodegradación.

Y como estos valores están arraigados en nosotros desde pequeños, es natural que utilicemos el *nunchi* y la modestia para restarle importancia a nuestras cualidades y evitar ser acusados de superiores y poderosos para llevarnos bien con los demás. Siempre estamos cuestionando nuestra valía como individuos. Por supuesto, la modestia y la consideración hacia los demás son virtudes. Pero incluso las virtudes, cuando son excesivas, desbordan toxicidad.

La verdadera virtud consiste en respetar a los demás, no en subestimarnos hasta el punto de sentirnos sin valor. Si te preocupas por lo que piensan los demás a costa de tus propios sentimientos, no hay virtud en ello. No te agotes con el *nunchi* y que tu modestia no llegue al punto de convertirse en baja autoestima.

∧∧∧∧∧∧∧∧∧∧∧∧∧∧∧∧∧∧∧∧∧

**TÚ SIEMPRE ERES LA PERSONA
A LA QUE MÁS DEBES RESPETAR.**

∧∧∧∧∧∧∧∧∧∧∧∧∧∧∧∧∧∧∧∧∧

Necesitas un poco de ego y una pizca de "¡Al diablo, lo hago como yo quiero y punto!".

☑️ DEFIENDE EL DERECHO A RESPETARTE A TI MISMO

Leí un post en las redes sociales sobre una clienta que señaló a la mesera de un restaurante y luego le dijo a su hija: "Si no estudias mucho, acabarás como ella". A la mesera le molestó el insulto. Trabajaba en un restaurante sólo por adquirir experiencia e incluso estudiaba en una universidad exclusiva. Entonces se sentaron en una mesa unos clientes chinos y ella, que había estudiado en China, los atendió en un mandarín fluido. La clienta que la señaló se sorprendió.

Los comentarios del post criticaban sobre todo a la clienta. Pero ¿hasta qué punto son diferentes la mesera y la clienta? La mesera se había esforzado por dejar claro que no era una empleada normal, sino alguien que trabajaba a tiempo parcial por vivir la experiencia. Se indignó, insistiendo en que no merecía ser tratada "como una mesera", porque se consideraba superior a quienes "no estudiaban mucho".

Últimamente están de moda en internet las frases motivadoras: "¿Quieres divertirte en la universidad o trabajar en una fábrica?". "Los buenos promedios escolares piden pollo, los malos promedios lo fríen y los que reprueban lo reparten." Estas frases reflejan la idea de que a un repartidor de comida u obrero se les castiga por su pereza, y retratan el trabajo honrado como algo degradante. Frases como éstas muestran cómo la discriminación de clase está grabada en nuestra psique.

Las raíces de esta discriminación son profundas. Las antiguas jerarquías en las que los gobernantes poseían estatus y los gobernados eran seres devaluados, a pesar de nuestra dependencia colectiva de los frutos del trabajo de los obreros, han renacido en la sociedad capitalista moderna. Esta dinámica ha impedido cerrar la brecha de la diferencia salarial entre profesiones, lo que a su vez perpetúa viejos prejuicios.

¿Cómo se manifiesta exactamente este problema?

I.

Va mucho más allá de la simple violación del derecho humano básico a la igualdad. Si a los niños se les recuerda constantemente lo que les pasará si no estudian, estarán condicionados a ver como modelos legítimos sólo a los empresarios exitosos que aparecen en las series de televisión.

Y muchos trabajadores que realizan labores físicas sufren discriminación y acoso en el trabajo.

Quienes crecieron anhelando una vida similar a la de un drama coreano y, sin embargo, se encuentran desempeñando roles que fueron condicionados a menospreciar, ¿cómo van a estar contentos?

Los delirios de alcanzar una grandeza futura y la discriminación sistémica terminan por cobrar la forma de vergüenza por ser común y corriente. Es inaceptable ser como *esas personas*. Esto se convierte en odio a uno mismo.

2.

La discriminación hacia los trabajadores adopta muchas formas. Quien rehúye el trabajo manual se cierra ante el placer de aprender o el respeto por el trabajo honrado. Esa persona estudia sólo porque tiene ansiedad y miedo; es el tipo de individuo que tiene frases motivadoras pegadas en la pared. Pero cuando la única motivación es la ansiedad o el miedo, nada puede superar la fatiga que resulta de ella. La presión dañina que un padre ejerce sobre su hijo se manifiesta en que éste padezca ansiedad y agotamiento crónicos.

3.

Supongamos que llegas a donde quisiste ir. ¿Te parece suficiente? Los logros basados en prejuicios sólo engendran arrogancia. Tener una gran autoestima sin una verdadera fuerza interior es como estar en la azotea de un rascacielos sin barandal: lo único que se siente es el miedo constante a caer. Y cuanto mayor es el ego, más dura es la caída. Un artículo sobre este tema afirmaba que cuando la gente se enfrenta a la adversidad, debería buscar un aterrizaje suave, una mejor forma de caer. Pero los coreanos nos negamos a descender, y cuando nos vemos obligados a hacerlo, al llegar al fondo nos enfrentamos a un terrible ajuste de cuentas.

La vida siempre tendrá altibajos, pero para quienes tienen interiorizados los prejuicios y el desprecio por sí mismos, cada descenso se convierte en una trágica caída. La discriminación avergüenza a quien la recibe y angustia a quien la da. En definitiva, no ayuda a nadie.

Si recargas constantemente las pilas de la ansiedad, o sientes vergüenza por vivir una vida alejada de la que soñabas, tienes que decirte la verdad: hay muchas formas de vivir una vida, y ninguna forma de vida está mal.

Vive y aprende con la diligencia que quieras. Pero nadie tiene derecho a insultar a otra persona por su manera de vivir.

^^^^^^^^^^^^^^^^^^^^^^^^^^^^

TODOS TENEMOS DERECHO A QUE SE

RESPETE NUESTRO MODO DE VIDA.

^^^^^^^^^^^^^^^^^^^^^^^^^^^^

Las amenazas sólo provocan ansiedad en tu hijo.

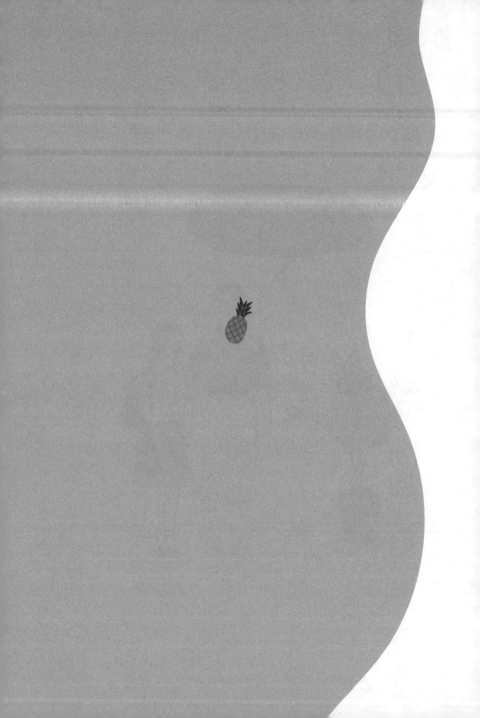

SEGUNDA PARTE

Checklist para vivir como tú mismo

Es mejor ser odiado por lo que eres
que ser amado por lo que no eres.

–KURT COBAIN

☑ CULTIVA UN FUERTE SENTIDO DE TU PROPIA VALÍA

El reconocido filósofo Alain de Botton describió la edad adulta como la búsqueda de nuestro lugar en un mundo gobernado por gente cínica y superficial. La vida, según mi experiencia, no ha sido un cuento de hadas. Hay tanta crueldad que es inútil enojarse por ello. E incluso cuando intento trascender mis deseos materialistas más superficiales, mi fuerza de voluntad se desmorona como una galleta rancia. Por eso dicen que hay que tener un fuerte sentido de la propia valía para ignorar los juicios ajenos. Lo entiendo en abstracto, pero se me dificulta ponerlo en práctica.

La forma en que te han educado influye mucho en tu autoestima. Puede verse debilitada por los malos tratos, las burlas, el abandono, las críticas y la falta de afecto.

Pero eso no significa que tu autoestima sea permanente. Puede cambiar con el tiempo. El psicoterapeuta Nathaniel Branden definió seis pilares de la autoestima, que incluyen la autorresponsabilidad y la autoaceptación. La autorresponsabilidad es una forma de autoestima y confianza que se refiere a la capacidad de enfrentar los problemas de la vida, mientras que la autoaceptación consiste en reconocerse a uno mismo como alguien merecedor de amor y respeto.

Pero ¿vivimos en una sociedad que nos permite tener autoestima? Incluso si te educaron de forma sana, es posible que te rechacen en todos los trabajos a los que te presentes, y si al final logras entrar te convertirás en el engranaje de una gigantesca maquinaria corporativa; es probable que te sientas tan insignificante que hablar de autoestima te parezca un poco ridículo.

Animarte a aceptarte tal y como eres, en una sociedad que está deseosa de clasificarnos como mejores o peores, puede parecer un autoengaño. El mundo se ha convertido en un lugar cada vez más hostil para la autoestima y para la afirmación de la propia valía.

¿Cómo podemos superarlo y darnos a nosotros mismos un lugar en este mundo cínico? Deben cumplirse dos condiciones.

En primer lugar, el respeto mutuo es fundamental. Éste no debería ser un recurso escaso. En realidad, no cuesta nada respetar a alguien, ¿cierto? Si el respeto llega a ser tan común que esté garantizado para todos, no tendremos que luchar tanto para obtenerlo. Hagamos de él un bien común. Alimentémonos mutuamente con consideración. Ofrezcamos un respeto igual e incuestionable a nosotros mismos y a los demás, en lugar de un respeto selectivo que discrimina en función del rango, la profesión, los ingresos y la apariencia.

La segunda condición consiste fundamentalmente en comprender y obtener la verdadera autoestima como individuo. Para ello, hay que distinguir la verdadera autoestima de la falsa y entender plenamente el concepto. La autoestima no es la arrogancia que uno siente por la superioridad o la satisfacción pasajera de ser reconocido.

La esencia de la autoestima es creer en ti mismo y considerarte merecedor de la felicidad. Esto no es algo que puedas lograr por voluntad propia. Es difícil creer en ti mismo sin llevar a cabo algún tipo de acción y es imposible hacerlo cuando vives en contra de tus creencias. La autoestima es la fuerza interior que surge de creer en ti mismo, de ser tú mismo, de vivir de acuerdo con tus propias creencias y de actuar y responsabilizarte en consecuencia.

Un documental de la televisión coreana, titulado *The Private Lives of Children* [La vida privada de los niños], presenta experimentos que demuestran el efecto de los padres en la autoestima de un niño. A los niños se les dio un rompecabezas para resolver, y se determinó que aquellos cuyos padres se pusieron a ayudarlos tenían baja autoestima, mientras que se determinó que aquellos cuyos padres esperaron a que lo resolvieran por sí mismos tenían alta autoestima. Creer en uno mismo y respetarse, los principales componentes de la autoestima, se desarrollan fijándose objetivos y resolviendo problemas por uno mismo. Tal y como nos muestra el experimento, lo más importante es tener el yo en el centro.

No ser consciente de tus propios deseos y dejarte influir por las opiniones de los demás nunca te ayudará a desarrollar tu autoestima. El primer paso para una autoestima sana está claro: vive como tú mismo.

Averigüemos qué significa eso realmente.

✦

Sígueme, sígueme.

Buscar la autoestima en los demás es perder el control sobre tu propia vida.

☑ BUSCA TU PROPIA VIDA

Cada vez que en una película un hombre dice: "Esto no es propio de ti", la mujer a la que se dirige lo fulmina con la mirada y responde: "¿Qué es 'propio de mí', entonces?". La mujer tiene razón. Entiendo que tengo que vivir mi propia vida, pero ¿qué significa eso realmente? ¿Y por qué es tan difícil averiguarlo?

El psicólogo James Marcia definió cuatro etapas de la identidad adolescente en el camino hacia la realización de uno mismo: difusión, moratoria, exclusión y logro. Las investigaciones sobre los coreanos nos sitúan a la mayoría (74.4%) en un nivel bajo, que es la exclusión.

Quienes viven en un estado de exclusión se someten a las normas sociales. Este estado de identidad se considera bajo porque quienes lo habitan carecen de crisis.

¿Sin crisis en la vida? Puede sonar muy bien, pero no se trata de ser víctima de una estafa por internet o de que llueva durante la hora pico del lunes por la mañana. Se trata de la falta de lucha interior por los objetivos, los valores y las convicciones.

¿A qué se debe esta falta de lucha? Es común en una cultura que desalienta la exploración o el cuestionamiento de uno mismo.

El confucianismo, filosofía central de Corea, define a los individuos según su lugar en la sociedad. La identidad de una persona está determinada por el papel que desempeña, y aprender cuál es ese papel y cómo cumplirlo se prioriza sobre la introspección o la curiosidad. Una vida bella, en otras palabras, consiste en ajustarse a las normas sociales de lo que es una vida bella.

Por eso estamos más acostumbrados a cumplir las expectativas de nuestros padres que a forjar nuestra propia identidad. Muchos no tenemos la menor idea de quiénes somos, y mucho menos verdaderas convicciones o una filosofía de vida. El factor decisivo de la persistencia de este problema es una educación que se niega a permitir la libertad de pensamiento.

Cuando somos niños nos dicen que somos demasiado estúpidos para pensar por nosotros mismos y nos obligan a considerarnos menores e inferiores. Al ver a los niños de esta manera, muchos padres se niegan a conceder autonomía a sus hijos y les niegan el proceso de convertirse en adultos. Estos niños, al habérseles negado este proceso, terminan siendo sólo el resultado de ser adultos, y suelen tener miedo de tomar decisiones y buscan constantemente mentores y figuras paternas.

Pero figuras inspiradoras como Pomnyun Sunim y la doctora Oh Eun Young no van a salvarte. Aprender a vivir como tú mismo consiste en aprender a juzgar y decidir por ti mismo.

Trabajar como *freelance*, por ejemplo, no necesariamente significa que vives como tú mismo ni tampoco tener un pasatiempo divertido. Vivir como tú mismo significa entenderte y tomar cada juicio y cada decisión basado en quién eres.

No importa si el más sabio de los sabios se instala al lado de tu casa: nunca debes cederle la toma de decisiones a otra persona. Tus decisiones finales deben anclarse en gran medida en la base de datos de tu pasado, en la sabiduría obtenida de tus errores pasados y en tu brújula interior.

∧∧∧∧∧∧∧∧∧∧∧∧∧∧∧∧∧∧∧∧∧∧∧∧

UNA VEZ QUE HA PASADO LA CRISIS DE

AUTOCOMPRENSIÓN, POR FIN PUEDES EMPEZAR

UNA VIDA EN LA QUE CREAS Y TE RESPETES A TI MISMO.

∧∧∧∧∧∧∧∧∧∧∧∧∧∧∧∧∧∧∧∧∧∧∧∧

Si no haces tu propio camino,
te perderás.

☑ NO DEMORES EN REFLEXIONAR SOBRE LO QUE TE HACE FELIZ

Hay un comentario que siempre recibo cuando doy charlas en universidades: "No sé qué me gusta hacer". Siempre respondo con una pregunta: "¿Alguna vez has hecho algo porque te gustaba hacerlo?" ¿Cuántas cosas has hecho porque te gustaba hacerlo, no porque querías haberlo hecho? Estudiamos para ir a la universidad, luego trabajamos arduamente para mejorar nuestro currículum. ¿No te parece extraño que después de haber sido educados para reprimir nuestros deseos durante toda nuestra vida, no tengamos ni idea de lo que nos gusta hacer por el simple placer de hacerlo?

Un programa de televisión sobre la identidad y la autoestima de los niños presentó a un niño "simpático" al que le gustaba ayudar a los demás. Cuando los productores le preguntaban qué quería hacer, respondía: "Ayudar a mamá" o "Lavar el coche de papá". Cuando le preguntaron qué quería hacer realmente para sí mismo, no supo responder.

Cuando te ocupas en hacer cosas que los demás esperan de ti y reprimes tus propios deseos pierdes el sentido de lo que te gusta y de lo que realmente quieres.

Tu verdadera felicidad seguirá siendo una tierra misteriosa por descubrir.

Si esto no es lo que quieres, para recuperar el sentido de quién eres, debes aprender a distinguir entre lo que tienes que hacer y lo que te gusta hacer.

∧∧∧∧∧∧∧∧∧∧∧∧∧∧∧∧∧∧∧∧∧∧∧∧∧∧

AHORA ES EL MOMENTO DE RESPONDER

LAS PREGUNTAS QUE HAS TARDADO EN CONTESTAR.

¿QUIÉN ERES Y QUÉ TE HACE VIBRAR?

∧∧∧∧∧∧∧∧∧∧∧∧∧∧∧∧∧∧∧∧∧∧∧∧∧∧

☑ CUESTIONA LO QUE PARECE OBVIO

Había una vez una pareja que vivía con su bebé y la abuela paterna en un pueblo donde la esposa trabajaba en el campo. Un día la mujer llegó a casa y vio que la abuela senil había preparado sopa de pollo para comer. Agradecida, abrió la olla y no encontró un pollo, sino a su hijo. Su suegra había cocinado al bebé en lugar de un pollo. La mujer se tranquilizó, mató un pollo para servirle de comer a su suegra y enterró tranquilamente a su hijo. Parece una historia propia de una película policíaca, pero se convirtió en el ideal de piedad filial durante la dinastía Joseon.

¿Por qué este horrible infanticidio se transmite de generación en generación como si fuera la historia de una nuera abnegada?

En aquel entonces las emociones de la gente estaban tan reprimidas que incluso este ejemplo extremo de piedad se consideraba una virtud. No importaba lo exasperante o doloroso que fuera algo, ningún sacrificio era demasiado grande en aras de la "armonía".

Cuando yo era joven, la diligencia se consideraba una virtud. Lloviera o nevara, estuvieras enfermo o lesionado, tenías que ir a la escuela para obtener el certificado de asistencia, y el lema de la clase "TRABAJA DURO" estaba enmarcado arriba del pizarrón. Ése era el lema porque Corea estaba en su apogeo industrial, y la fabricación requiere diligencia y constancia más que creatividad o individualidad.

En un mundo así, un niño puede acabar cocido en una olla mientras la madre es celebrada como una hija modelo, en lugar de ser encarcelada por negligencia. Un niño que va a la escuela hirviendo de fiebre es considerado un estudiante modelo. Las costumbres de esta sociedad convierten las historias de horror en homilías y la violencia en honor.

Seguimos viviendo como si las normas sociales fueran verdades universales. Pero lo esencial para sostener nuestras vidas no son las normas sociales, sino nuestras propias convicciones. ¿Qué podemos hacer al respecto?

Una amiga que se fue a Estados Unidos a estudiar Economía me contó que en su programa había algo llamado Clase de Desaprendizaje, una especie de campo de entrenamiento en el que el cerebro "desaprende" toda la teoría económica obsoleta que los estudiantes aprendieron en la escuela.

Cuando aprendemos sobre los pensadores más famosos del mundo, buscamos errores en sus teorías: así es como avanza el conocimiento. Tenemos que cuestionar lo que nos han enseñado a dar por un hecho y averiguar si nuestras creencias son lo que realmente creemos o lo que alguien nos ha dicho que creamos. Sólo cuando cuestionamos lo que hemos creído toda la vida podemos dar un paso adelante hacia el futuro.

∧∧∧∧∧∧∧∧∧∧∧∧∧∧∧∧∧∧∧∧∧∧∧

PARA SUSTITUIR LAS NORMAS SOCIALES POR

NUESTRAS PROPIAS CONVICCIONES NECESITAMOS

NUESTRO PROPIO ENTRENAMIENTO PARA "DESAPRENDER".

∧∧∧∧∧∧∧∧∧∧∧∧∧∧∧∧∧∧∧∧∧∧∧

No hay nada que te atrape.

☑ NO VIVAS PARA COMPLACER A LOS DEMÁS

No trabajo en una empresa. No porque haya tomado una gran decisión al respecto ni nada por el estilo, sino porque resulta que quería escribir y decidí que consideraría conseguir un trabajo en una corporación cuando terminara. Pero entonces... De repente me pregunté por qué fui capaz de tomar una decisión tan importante tan a la ligera.

Creo que fue por la forma en que me criaron mis padres. Nunca tuve que esforzarme por cumplir sus expectativas. Me daban su opinión sobre cualquier decisión que tomaba, pero al final siempre me apoyaban. Y aunque mi hermana mayor era la mejor estudiante de la escuela —a diferencia de mí, que me pasaba todo el tiempo leyendo mangas— nunca me compararon con ella, ni una sola vez. Nunca tuve miedo de perder su aprobación y me acostumbré a tomar mis propias decisiones.

Aun así, sentía cierta presión para que pensaran bien de mí, por supuesto. Pero me deshice de ella muy pronto, cuando me di cuenta de que más presión no significaba más amor. A los veintitantos, en medio de una cena, les dije: "Dejen a un lado sus expectativas y piensen en mí como una inquilina que les renta una habitación".

Se enojaron y dijeron que era una desagradecida después de todo lo que habían hecho para criarme. Pero yo les repetía que debían considerarme simplemente como su inquilina. Claro que me habría encantado ser la hija perfecta. Todos queremos que nuestros padres estén orgullosos de nosotros, y nos esforzamos para que lo estén. Pero agobiarte por tus propias expectativas tampoco los hará felices, y por mucho que te esfuerces en que se sientan orgullosos, algunas cosas simplemente no están destinadas a ser.

Lo único que está en nuestras manos es ser responsables de nosotros mismos y esperar —pero no pretender— que nuestra forma de vivir responda a las expectativas de nuestros padres. Vivir sólo para satisfacer a nuestros padres no es amor, sino tener una especie de vida de deudores. Igual que a ti te corresponde responsabilizarte de tu propia vida, a tus padres les corresponde darse cuenta de que sus hijos no existen para complacerlos.

Si lo que te molesta es tu deuda financiera con tus padres, haz todo lo posible por saldarla. Tienes que pagar la renta y la comida si quieres ser inquilino, pero no conviertas toda tu vida en una fianza.

∧∧∧∧∧∧∧∧∧∧∧∧∧∧∧∧∧∧∧∧∧

LAS ÚNICAS EXPECTATIVAS QUE DEBES

ESFORZARTE POR CUMPLIR SON LAS TUYAS.

∧∧∧∧∧∧∧∧∧∧∧∧∧∧∧∧∧∧∧∧∧

A MI MANERA Y PUNTO.

☑ NO SEAS NADIE SINO TÚ MISMO

En segundo grado de primaria nos preguntaron qué queríamos ser de grandes. Yo había oído hablar de Madame Curie y dije que quería ser científica como ella. En ese entonces no había nadie —ni ahora— con menos posibilidades de ser científico que yo, pero en esa edad se trata de decir lo que te dé la gana. Hubiera sido más extraño que una niña de ocho años quisiera trabajar en una empresa o como contadora en un *chaebol*, que es un modelo empresarial que se ha desarrollado en Corea del Sur.

El problema es que, conforme envejecemos, nuestros sueños suelen referirse más a lo que queremos convertirnos que a lo que queremos hacer.

Una vez hablé con un dermatólogo que se había graduado de una facultad de Medicina de Seúl y trabajaba en el barrio rico de Gangnam. Durante nuestra conversación, sentí que no tenía nada en la cabeza más allá de su trabajo, ni personalidad ni filosofía propias. Me dio la impresión de que era un niño que no había crecido. Le pregunté si era feliz. Sin dudarlo un segundo, respondió: "No". Desde fuera, dijo, podía parecer que tenía un gran trabajo, pero en realidad desearía haber ido a una mejor escuela y haber trabajado en una clínica más grande.

Se cree que muchas personas que tienen trabajos de alto estatus en realidad son infelices. Él era una de ellas.

El dermatólogo pasó toda su infancia estudiando, y asistió a la facultad de Medicina solo porque pudo entrar. A lo largo de sus estudios y durante su residencia nunca tuvo la oportunidad de considerar otras opciones o pensar por sí mismo.

¿Por qué no era feliz? Había perseguido el estatus, la estabilidad económica y la aprobación de los demás sin mirar nunca hacia dentro, y eso provocaba que se sintiera vacío por dentro. Lo que le había importado era convertirse en médico. Se había apoyado en su identidad profesional para llenar su vacío interior y compensar su débil sentido de sí mismo.

Pero seguía siendo infeliz. Pensaba que todo se arreglaría cuando se convirtiera en médico, pero sólo estaba obsesionado con cobrar más y trabajar en un lugar mejor. Su vacío no podía llenarse únicamente con alcanzar un mayor estatus.

Tu trabajo es más que un medio de ingresos, por supuesto. Pero tu trabajo no es sinónimo de ti mismo, no crea un yo donde no lo hay.

Perseguir objetivos superficiales sin reflexionar sobre uno mismo es vivir una vida en constante competencia con los demás. No es un camino hacia la verdadera felicidad.

^^^^^^^^^^^^^^^^^^^^^^^^^^^^^

LO QUE NECESITAMOS DESESPERADAMENTE NO ES UNA TARJETA DE PRESENTACIÓN PARA DEMOSTRAR QUIÉNES SOMOS, SINO CONVERTIRNOS EN UNA PERSONA QUE NO NECESITA DEMOSTRARLE NADA A NADIE.

^^^^^^^^^^^^^^^^^^^^^^^^^^^^^

No necesitamos convertirnos en nadie sino en nosotros mismos.

☑ NO TE LIMITES A ACEPTAR LA OPINIÓN COMÚN

Una vez tuve una conversación con una canadiense que daba clases de inglés en una escuela primaria. Hablaba de cosas que le parecían extrañas en Corea, como la creencia común de que un estudiante "inteligente" es sinónimo de un "buen" estudiante. En su opinión, un alumno que no es inteligente podría ser bueno en la escuela, y un alumno inteligente podría ser malo.

Se mostró escéptica ante la ecuación "inteligente = bueno" que los coreanos parecen dar por sentada.

Lo que significa vivir bien plantea un problema similar. Vivir bien es mucho más que alcanzar una estabilidad económica: un cuerpo sano, relaciones sólidas, la capacidad de apreciar el arte y la filosofía, la satisfacción del trabajo bien hecho. Pero, para los coreanos, vivir bien suele significar sólo una cosa: ser rico.

¿Por qué nos han programado para olvidar todos los demás valores y centrarnos en ese único valor?

Probablemente sea un efecto de la Mentalidad de 6.25 y del Temor Rojo. El 6.25 en cuestión corresponde al 25 de junio de 1950, la fecha en que comenzó la Guerra de Corea, y la Mentalidad de 6.25 es la forma de pensar de "vivir o morir" que muchos coreanos adoptaron después de la guerra: decididos a no volver a ser invadidos o a experimentar la desesperación nacional, el gobierno nos obligó a cumplir con los toques de queda en todo el país y nos inculcó una cultura militante. Durante el Temor Rojo comunista, la discusión y el debate estaban prohibidos para imponer la conformidad y la solidaridad como forma de sobrevivir.

Esta mentalidad se perpetuó durante generaciones. Desarrollamos el hábito de fijarnos metas que cuantificaban nuestros objetivos nacionales en cifras, como "10 mil millones de dólares en exportaciones, mil dólares en ingresos", lo que se extendió a objetivos personales como "perder cinco kilos, obtener 990 en el TOEIC". Perseguir los mismos objetivos se convirtió en un hábito cultural. Todo el mundo tenía que ser modesto, tener menos de 17% de grasa corporal y pesar 47 kilos, ir a un buen colegio y trabajar en un *chaebol*.

Hay una conversación constante sobre cuáles deben ser los objetivos personales a escala nacional, acompañada de la aprobación masiva de la respuesta "correcta" y un desprecio masivo por las "incorrectas". A quien se considera que está equivocado se le abandona en un témpano de hielo para que se las arregle por sí mismo.

Lo que nos queda es una minoría arrogante con la respuesta "correcta" y una mayoría impotente y desesperada con las "incorrectas".

El periodista británico Daniel Tudor describió a Corea como una olla de presión, calificándola de "país imposible" por imponer a su población unos niveles inalcanzables de educación, prestigio, apariencia y logros profesionales. ¿Es posible ese yo ideal? No todo el mundo puede ser delgado, encantador, ir a escuelas prestigiosas o trabajar en un *chaebol*. Un lugar en el que todo el mundo cumpliera esas normas sería una distopía de fantasía.

Si el mundo te impone una forma de ser "correcta" debes cuestionarla. No te impongas normas irracionales y no te culpes por no ajustarte a valores que no aceptas.

∧∧∧∧∧∧∧∧∧∧∧∧∧∧∧∧∧∧∧∧∧∧∧

HAY MUCHAS DEFINICIONES DE LO QUE ES UN BUEN ESTUDIANTE, MUCHAS MANERAS DE VIVIR UNA BUENA VIDA, Y CADA UNO DE NOSOTROS TIENE DERECHO A SU PROPIA RESPUESTA. NUESTRAS RESPUESTAS NO SON INCORRECTAS, SIMPLEMENTE DIFERENTES.

∧∧∧∧∧∧∧∧∧∧∧∧∧∧∧∧∧∧∧∧∧∧∧

Los que creen que el heavy metal es la forma definitiva de música pueden desear que los Beatles hubieran tocado heavy metal, pero sin importar lo que tocaran, los Beatles siempre habrían sido los Beatles.

☑ CULTIVA TU GUSTO

Cuando tenía alrededor de 20 años, leí un libro sobre consejos y trucos que el autor había reunido a lo largo de su vida. Un consejo mencionaba que unas pocas prendas de calidad podían dar más satisfacción que muchas prendas baratas.

Hace poco recordé esta pequeña sabiduría cuando revisé mi clóset. Allí estaba el abrigo de invierno que compré sólo porque estaba de oferta, la falda que se veía bien en un maniquí y que no me había molestado en probarme y prendas muy reveladoras que no aprobaría mi madre. Pero no me arrepiento de mis pasadas decisiones de compra. A través de mis frecuentes fracasos en el mundo de la moda, he podido descubrir cuál es el mejor estilo para mí y desarrollar mi propio gusto en la ropa.

Si también has tomado malas elecciones de ropa, sólo significa que te has esforzado por descubrir lo que funciona para ti. Así que aquí va mi pequeño truco de vida: cultiva tu gusto y tu perspectiva por medio del fracaso o del ensayo y error, para descubrir tu estilo personal.

LA VIDA, AL FIN Y AL CABO, CONSISTE EN PRESENTAR LA VERSIÓN DE TI MISMO QUE MEJOR TE REFLEJA.

✦

Que el pelo corto se le vea bien a *ella*, que las chamarras deportivas y los jeans ajustados le queden bien a *él* y que la base de maquillaje color durazno hace que *mi piel* resplandezca son descubrimientos hechos a base de valientes nuevos experimentos.

*Una vida sin intentos es
como un barco que nunca zarpa.*

Si no hago nada,
¡nunca fracasaré en nada!

Excepto en la vida.

☑ ADQUIERE TU PROPIO GUSTO

Un antiguo novio era socio de un centro de arte de la localidad y yo asistía regularmente a sus eventos, sobre todo de danza moderna y artes escénicas de todo el mundo. Me llevaba con él porque creía que yo debía tener la misma cultura. Pero, aparte de aquella vez que presentaron un espectáculo de flamenco, yo me aburría. No entendía nada, ni siquiera después de leer el programa: prefiero la claridad a la oscuridad. Le dije que no era de mi gusto y que asistiera con otra persona.

No estoy juzgando el valor de las artes escénicas. A algunas personas les conmueve la danza moderna, a otras las figurillas plásticas de personajes de animé y a otras *Juego de tronos*.

Algunos cometen el error de jerarquizar los gustos artísticos o de imponer los suyos a los demás, pero las diferencias de gusto no son prueba de superioridad o inferioridad, ni tu gusto es algo que debas imponer a los demás.

Para enriquecer tu vida necesitas tener tus propios gustos. Para eso debes ser sincero con lo que sientes. No permitas que te presione el juicio de los demás ni busques actividades en función de cómo se verán en redes sociales. Para ser profundamente consciente de tus gustos, debes esforzarte en explorarlos; pero los gustos, al fin y al cabo, no son algo que se desarrolla, sino algo que se siente.

Prefiero las exposiciones a las obras de teatro, las comedias a los dramas y el combo de costillas de cerdo con fideos fríos al filete con vino.

Lo que necesitamos no es una extravagancia sofisticada para incluirla en el apartado "pasatiempos" de nuestro currículum, sino algo a lo que respondan nuestros gustos.

^^^^^^^^^^^^^^^^^^^^^^^^^^^^^

EL GUSTO ES DONDE RESIDEN EL BRILLO
Y LA PROFUNDIDAD DE LA VIDA.

^^^^^^^^^^^^^^^^^^^^^^^^^^^^^

Respeta mi gusto, maldita sea.

☑ ENFRÉNTATE A TU VERDADERO YO

N o olvido fácilmente los antiguos desaires: "Ella es egoísta", "Tiene dos caras", "Esa persona es maleducada". Emito estos juicios contra quienes me han hecho daño y arrastro el rencor durante mucho tiempo, justificando mi antipatía por ellos al etiquetarlos de "malas personas".

En cambio, cuando le he hecho daño a otros suelo pensar: "Es que en aquel entonces no lo sabía" o "Fue un error involuntario".

Hasta que un día empecé a preguntarme por qué nunca había pensado en los errores de los demás de la misma manera: como resultado de ser joven y de no saber nada mejor, o como errores involuntarios. Porque todo el mundo tiene sus momentos de maldad y comete equivocaciones, ¿no estaban siendo tan inmaduros como yo? Al final, ¿no era yo la verdadera villana por pensar lo contrario?

Hasta ese momento, sólo había considerado como "mi yo" los aspectos que me gustaban de mí y actuaba como si fuera perfecta. Mientras tanto, cada vez que aparecía una parte mía que no me agradaba, la pasaba por alto, fingiendo no ver, fingiendo no oír. Disfrazaba aquellas partes mías que no me gustaban como "un yo no". Ajena a mis propios defectos.

Carl Gustav Jung, uno de los fundadores del psicoanálisis, llamaba "sombra" a la totalidad de las cosas que uno quiere ocultar. Decía que todos tenemos una sombra que no podemos excluir y con la que debemos hacer las paces por el bien de nuestra salud.

Todo el mundo tiene defectos que quiere ocultar. Pero si odias tanto tu sombra interior, que te niegas a reconocerla, entonces tu sentido del yo se confundirá en tu interior y nunca conocerás tu verdadero yo ni tendrás control sobre él.

Tenemos que ser más conscientes y tolerantes con nuestros defectos conforme avanzamos hacia una vida interior más sana. Así que acepta las partes de ti mismo que no te gustan mucho.

Cuando te ves tal como eres, puedes poner los límites correctos y ser más generoso con quienes los respetan. Sólo cuando dejas de ser irresponsable y justificarte, y te aceptas a ti mismo, con todas tus imperfecciones —en otras palabras, te enfrentas a tu verdadero yo—, puedes dejar atrás la autojustificación y convertirte en un ser humano de verdad.

✦

No odiamos a alguien porque no sea perfecto. Odiamos la arrogancia cuando alguien pretende ser perfecto.

¿Esta soy yo?

¿No lo sabías?
Yo soy tu verdadera yo.

Al final, ninguno de nosotros es perfecto.

☑ DESCUBRE DÓNDE PUEDES BRILLAR MÁS

E n la secundaria trabajé con una amiga como voluntaria en una oficina del gobierno local. Teníamos que hacer listas de documentos y comparar cifras en hojas de cálculo para ver si había errores. No se me daban muy bien los números y me sentía agobiada al ver los documentos. Mientras yo trabajaba en el tedioso montón de papeles a paso de tortuga, mi amiga se apresuraba con su parte e incluso decía: "Fue divertido". Fascinada, le pregunté cuál era su secreto y me dijo que detectar errores le daba una sensación de logro. Acabó estudiando contabilidad y ahora trabaja en una empresa contable. Estoy segura de que es extraordinaria en su trabajo y de que sus jefes la valoran.

Para vivir una vida que honre quién eres, debes conocer tus talentos y encontrar un trabajo donde puedan brillar. De lo contrario, tus dones se desperdiciarán y tendrás que soportar el tormento de sentir que tú y lo que haces no valen nada.

Cuando la gente piensa en el talento, suele pensar en las artes o en habilidades específicas, medibles y demostrables, o considera que sólo el talento extraordinario es digno de esa palabra. Pero esa mentalidad puede impedirte reconocer tus dones.

El talento puede desarrollarse y cada estilo aporta algo. Por ejemplo, no todo el que destaque escribiendo tiene que ser novelista. Más importante que el nivel de tu talento es saber qué aptitud específica tienes y dónde brillará.

¿Qué es el talento? En mi opinión, es todo lo que puedes hacer con más facilidad que los demás. Hay muchas cosas que entran en esta categoría. Algunas personas tienen talento para trabajar con documentos, a otras les resulta fácil hablar con desconocidos, otras tienen buen ojo para los detalles o la belleza, otras son excelentes oyentes. Este tipo de talentos no son tan evidentes como saber dibujar o cantar. Por eso tienes que prestar mucha atención a descubrir tus dones y averiguar dónde puedes aprovecharlos mejor. Anota lo que te gusta y lo que te resulta más fácil. Si no lo sabes, haz un test de aptitudes en internet. Hay varias formas de averiguar en qué eres bueno. Encuentra el punto en común entre lo que quieres y lo que se te da bien.

∧∧∧∧∧∧∧∧∧∧∧∧∧∧∧∧∧∧∧∧∧∧∧∧

NO EXISTEN LAS PERSONAS SIN TALENTO,

SIMPLEMENTE AÚN NO LO HAN DESCUBIERTO.

∧∧∧∧∧∧∧∧∧∧∧∧∧∧∧∧∧∧∧∧∧∧∧∧

YO COMPRANDO UNA TABLETA

Cosas que puedo hacer

Dibujar
Hacer videos
Crear horarios
. . .

Lo que hago en realidad

Ver YouTube

El uso real es más importante que el potencial.

☑ POR MUY BIEN QUE SUENE, COMPRUÉBALO TÚ MISMO

Encontré por casualidad una entrevista en línea que era el fragmento de un documental.

"Como mínimo, si entras en una buena escuela en Seúl, ganarás esta cantidad de dinero y residirás en esta región y vivirás el resto de tu vida con este nivel de confort. El éxito es la felicidad, ¿no? Y en Corea, el primer paso hacia la felicidad es entrar en una buena universidad."

Intentaban hacer creer que ir a una buena universidad garantizaba una buena vida. Esta idea era cierta... quizás hace treinta años.

La sociedad es cada vez más impredecible, la competencia aumenta e ir a un buen colegio ya no garantiza una buena vida. Y mucha gente tiene éxito sin importar si fue o no a la universidad. Entonces, ¿por qué la gente sigue repitiendo esta mentira? El entrevistado, por supuesto, era el dueño de una escuela privada donde preparan a los alumnos para aprobar el examen de admisión e ingresar a la universidad. ¿Adivina quién sería el mayor beneficiario de este tipo de ansiedad? El dueño de una escuela de esta clase. Me pregunto cuántos estudiantes le hicieron caso y acabaron decepcionados con la vida.

La famosa prueba del malvavisco es un estudio clásico en la educación y la psicología. Le dan un malvavisco a un niño y le dicen que espere 15 minutos para comérselo si quiere que le den otro; se afirma que los niños que logran esperar los 15 minutos tienen más probabilidades de ser mejores estudiantes más adelante y de tener más éxito. Este experimento se utiliza con frecuencia para justificar el sacrificio de la felicidad de hoy por la de mañana.

Sin embargo, hay otras interpretaciones, como que la verdadera variable en este experimento no es la disciplina, sino la estabilidad y la confianza en el entorno de crecimiento del niño, así como los factores económicos que harían que el niño mostrara menos interés en comerse un malvavisco. En otras palabras, la interpretación clásica no es toda la historia.

El mundo está repleto de fórmulas para el éxito, con todo tipo de historias de personas que afirman haber encontrado el verdadero camino difundiendo el evangelio... a cambio de un costo.

Seguramente todas las historias tienen algo de verdad. Pero el éxito de una persona depende de factores, como la personalidad, la situación, el momento y la suerte, que es imposible crear una fórmula para el éxito. Por eso hay que dejar de lado todo el envoltorio y el relleno que existen en estas teorías de autoayuda, para analizar si son una codiciosa estafa piramidal cuya intención es obtener dinero. Porque si no lo haces, acabarás siendo la herramienta de alguien.

∧∧∧∧∧∧∧∧∧∧∧∧∧∧∧∧∧∧∧∧∧∧∧

APRENDER EN LUGAR DE VENERAR,

CREAR EN LUGAR DE IMITAR,

CRECER EN LUGAR DE SEGUIR.

∧∧∧∧∧∧∧∧∧∧∧∧∧∧∧∧∧∧∧∧∧∧∧

✦

Conviértete en tu propia luz para iluminar el mundo que te rodea.

A veces, lo que nos salva no es la fe, sino la suspicacia.

TERCERA PARTE

Checklist para no dejarte vencer por la ansiedad

La preocupación no elimina el dolor del mañana sino la fuerza de hoy.

—CORRIE TEN BOOM

☑ SOBRELLEVA LA INCERTIDUMBRE, ASÍ ES LA VIDA

M e gusta que me lean el futuro, es una especie de pasatiempo. Últimamente, incluso he empezado a aprender un poco sobre cómo leer la suerte de la gente. Pero ¿hasta qué punto es exacta la adivinación?

Mientras escribía este libro, fui a consultar a una adivina con unos amigos. Básicamente me dijo: "Tu libro va a fracasar rotundamente, así que, si no quieres morirte de hambre, busca un trabajo de oficina".

Una predicción muy deprimente, pero dado que el libro no fracasó —sino todo lo contrario, de hecho— me pregunto si esa adivina morirá de hambre antes que yo.

Algunos de los adivinos a los que acudí eran extremadamente precisos, pero al saber que los gemelos no viven las mismas vidas, ni siquiera el adivino más famoso puede garantizar sus predicciones el cien por ciento de las veces. Como lo da a entender el Oráculo en *Matrix* al no decirle a Neo si él es el "indicado", una cosa es conocer el camino a seguir y otra muy distinta es recorrerlo.

La suerte es como caramelos de ginseng rojo con sólo cinco por ciento de ginseng —predicciones con sólo una pizca de verdad—, y si queremos saber lo que realmente va a pasar en la vida, tenemos que vivirla.

Aun así, queremos tranquilidad y recurrimos a los adivinos. Pero, aunque Nostradamus se levantara mañana de entre los muertos, seguiríamos sin estar seguros del futuro. No porque los adivinos hagan mal su trabajo, sino porque la vida es fundamentalmente incierta.

Lamento si estás buscando certezas en la vida, pero después de haberme gastado un dineral acudiendo a todo tipo de adivinos durante una década, sólo puedo concluir que la vida consiste, en última instancia, en sobrellevar la incertidumbre.

✦

Al final, acudimos a los adivinos para que nos digan que las cosas saldrán bien: "Todo estará bien". En lugar de creer en ellos, cree en ti mismo.

Querer una vida perfectamente segura,
libre de lo inesperado o incluso de lo
inevitable, es desear vivir en una burbuja.
La seguridad en la vida no proviene
de acabar con las incertidumbres,
sino de enfrentarse a ellas.

Lo estás haciendo bien y estarás bien.

☑️ NO ASUMAS QUE ESTÁS SOLO CON TUS PROBLEMAS

Desde que somos pequeños, tendemos a pensar que un hogar normal significa tener unos padres que se lleven bien y les den amor incondicional a sus hijos. Por eso, cada vez que mis padres discutían, yo pensaba: *¿Nuestra familia es anormal?* Pero conforme crecía, me daba cuenta de que en todos los hogares hay conflictos y problemas. Cuanto más unidas estaban las familias, más conflictos solían tener; y siendo las personas tan complejas, era natural que tuvieran problemas de convivencia.

Lo que muestran los medios de comunicación y la gente en las redes sociales sugiere que las familias perfectas se encuentran en todas partes. Esto puede llevar a los demás a creer que sólo ellos son anormales y a ocultar su sentimiento de inferioridad en lo más profundo de su ser.

Pero ¿qué significa ser anormal? ¿Significa no ser perfecto? ¿Cómo podría ser normal no carecer de nada? ¿Podría existir una vida así?

La normalidad no consiste en ser perfecto: incluso Freud reconoció que era normal tener una gota de histeria, una pizca de obsesión y un poco de compulsión. Ser normal no significa ser impecable, sino tener cicatrices, defectos y carencias.

La vida tiene muchas formas, y no hay dos vidas iguales, y nadie tiene una vida perfecta. Sea cual sea el tipo de hogar en el que creciste y los problemas o desventajas que hayas podido enfrentar, no te avergüences por ello.

Todo es normal.

✦

Ocultamos tanta infelicidad que hemos olvidado que todos los tipos de infelicidad son universales.

Cuando sucede algo desagradable,
hay quienes lo ven como una desgracia
y otros que lo consideran
simplemente parte de la vida.
Tu felicidad depende de esta distinción.

Desgracia.

Es parte
de la vida.

☑ NO SIGAS UN JODIDO GUION PARA LA VIDA

Hubo un tiempo en que me preocupaba por cosas poco realistas. Y cuando las cosas que me preocupaban no llegaban a suceder, me sentía aliviada. Por ejemplo, exageraba mis preocupaciones para consolarme, hasta el punto de que cada vez que tenía tos me convencía de que era tuberculosis. Me agobiaba tanto tener tuberculosis que descubrir que tenía gripa era en realidad una buena noticia. Mis preocupaciones exageradas se convirtieron en hábitos arraigados en mi cuerpo, y estos ensayos para esperar lo peor me agotaban.

Preocuparse por eventos que aún no han ocurrido es como vivir en un búnker, porque te asusta la posibilidad de que haya una guerra, o comprar un montón de cosas a granel, "por si acaso".

Es un despilfarro y es completamente irracional. ¿Cómo superarlo? La preocupación en general es irracional y surge del pensamiento negativo. El primer paso para no permitir que la preocupación te consuma es refrenar tu imaginación.

Analiza objetivamente tus preocupaciones. Con frecuencia descubrirás que estás imaginando el peor de los escenarios, que es también el más improbable. ¿Qué probabilidades hay de que una simple tos se convierta en tuberculosis? No arruines el momento presente con un futuro catastrofista

^^^^^^^^^^^^^^^^^^^^^^^^^^^^^

TU ANSIEDAD VIENE DE TU JODIDO GUION PARA LA VIDA.

^^^^^^^^^^^^^^^^^^^^^^^^^^^^

Estoy ansiosa porque tendré ansiedad en el futuro.

Nos preocupamos por las desgracias futuras, pero la mayor desgracia es cómo arruinamos nuestro presente con preocupaciones.

☑ ENCUENTRA UNA SOLUCIÓN REAL

Hay un proceso de pensamiento primitivo llamado pensamiento mágico al que somos susceptibles. Por ejemplo, en la antigüedad, antes de que comprendiéramos cómo funcionaban realmente los fenómenos climatológicos, la lluvia que no cesaba o los huracanes que golpeaban durante días eran tan inesperados e inquietantes que exigían intervenciones extremas. La gente de entonces pensaba que los dioses estaban enojados y sacrificaban vírgenes para apaciguarlos. Pero la lluvia cesa cuando tiene que cesar, por más vírgenes que se sacrifiquen. La creencia de que el destino podía controlarse tranquilizaba a la gente. El pensamiento mágico se refiere a lo que las personas idean para combatir el miedo y el temor en situaciones en las que sienten que no tienen control.

Cuando era niña y recibía la formación anticomunista a la que se sometía a todos los niños coreanos en aquel tiempo, antes de acostarme recé cada noche durante un año para que no hubiera guerra. Aunque mis oraciones no significaban nada en el contexto de los asuntos políticos internacionales, yo creía que podían mantener la guerra a raya.

Aunque ya no somos cavernícolas ni niños de diez años, seguimos confiando en el pensamiento mágico. Quizá no sacrifiquemos vírgenes para evitar inundaciones ni recemos todas las noches para impedir las guerras, pero seguimos invirtiendo en soluciones que no surten efecto ante lo que parece estar fuera de nuestro control.

Por eso la gente gasta dinero en rituales chamánicos para ahuyentar las deudas, cree las excusas de un novio cuestionable —pensando que, al perdonarlo, cambiará— o se obsesiona con cosas que no tienen nada que ver con su felicidad. Pero cuanto más se confía en las falsas soluciones, más lejos quedan las verdaderas, y al final nada se resuelve. Tal vez creas que el tiempo sanará tus heridas, pero así como las hadas no harán tus deberes mientras duermes, hay problemas que el tiempo no puede resolver.

Si te sientes incapaz de superar un problema, pregúntate si te has aferrado a una solución falsa en lugar de enfrentarte a la verdadera naturaleza de tu problema. Aunque te lleve un tiempo, al final tienes que convertir tu preocupación en un plan de acción. Sólo ese primer paso hacia una solución real te acabará liberando del problema.

✦

Liberación significa recuperar tu conciencia interior. Libérate de lo que te ha frenado durante tanto tiempo.

Cuando miras el pasado, lo que necesitas
es análisis, no arrepentimiento.

Y cuando miras el futuro, lo que
necesitas es criterio, no preocupación.

☑ INTENTA NO SER HIPERSENSIBLE

Mi amiga tuvo una vez un accidente. Estaba cruzando la calle cuando un automóvil, que aparentemente estaba detenido, avanzó hacia ella y la atropelló. Por suerte, no resultó herida gravemente. Pero desde que escuché la historia, tengo cuidado incluso con los coches detenidos cada vez que cruzo la calle.

La ansiedad es la vaga sensación de que las malas experiencias pueden repetirse. Cuando has vivido un cierto número de años, pensarías que la variedad de tus experiencias te daría una perspectiva más amplia, pero los traumas que has acumulado en realidad alimentan más tu ansiedad. Y al igual que me sucedió con el accidente de mi amiga, la ansiedad puede transmitirse a otras personas.

Vivimos en un mundo con demasiadas cosas por las que preocuparnos. Los medios de comunicación informan sobre todo tipo de accidentes cada día, incluso cada pocos minutos. Nos asedian las noticias sobre urgencias médicas e inestabilidad económica. La gente está nerviosa y nuestras comunidades en línea están repletas de noticias sobre las peores tragedias de la vida real.

Tras recibir todas estas noticias, no podemos evitar sentirnos ansiosos. Entramos en un ciclo interminable de retroalimentación de la ansiedad. Nuestras mentes sensibilizadas rompen las barreras entre la realidad y nuestros miedos, volviéndonos frágiles ante los contratiempos más pequeños.

Para hacer frente a la situación, tienes que intentar bajar un poco el nivel de hipersensibilidad de tu mente. Debes decirte a ti mismo que el pasado es pasado, que no hay pruebas de que las cosas vayan a empeorar y que no puedes vivir con el miedo constante por cualquier posible desastre.

Relaja tu mente y deja que vuelva al mundo real, no al mundo de tu imaginación.

^^^^^^^^^^^^^^^^^^^^^^^^^^

LA VIDA QUE *ESTÁS* EXPERIMENTANDO EN REALIDAD

ES MUCHO MÁS PACÍFICA DE LO QUE PIENSAS,

Y ERES MÁS FUERTE DE LO QUE CREES.

^^^^^^^^^^^^^^^^^^^^^^^^^^

Las especias que realzan el sabor pueden arruinar un plato cuando se añaden en exceso.

☑ PERMITE LA CANTIDAD JUSTA DE TRISTEZA

N os despedimos de muchas cosas en la vida: de un ser querido; de nuestra infancia, de cuando quizá no recibimos el amor que necesitábamos; de ideales a los que alguna vez nos aferramos; de nuestra juventud; de una época en la que creíamos en nosotros mismos. Debemos hacer un duelo por todas estas despedidas, ya sea durante periodos largos o cortos.

Estar de luto significa estar triste sin restricciones. Pero con frecuencia nos sentimos muy asustados para enfrentarnos a la pérdida; en cambio, reprimimos, ignoramos o malinterpretamos nuestra necesidad de estar en duelo, negándonos la oportunidad de experimentar la tristeza.

Freud dice que cuando no hacemos el duelo como es debido, nos deprimimos. Las emociones no desaparecen simplemente cuando las ocultamos e impedimos que se filtren. Sin el proceso de duelo para limpiar nuestra tristeza, nuestras emociones se estancan en un charco de depresión y nos impiden seguir adelante con nuestra vida.

Si experimentas ansiedad o depresión, busca su origen. Aunque pueda estar oculto o distorsionado, sigue cuestionándote y buscando pistas para enfrentarlo. Saber de dónde proceden realmente tus emociones puede ser el final de la búsqueda, pero no la ansiedad o la depresión en sí. Comprender de dónde viene tal vez no sea suficiente para regularla, y quizá necesites tiempo para hacer el duelo adecuadamente.

Pregúntale a lo más profundo de ti mismo: ¿de qué te has desprendido?

^^^^^^^^^^^^^^^^^^^^^^^^^^^^

POR TODAS LAS INEVITABLES DESPEDIDAS,

DEBEMOS TOMARNOS EL TIEMPO PARA VIVIR EL DUELO.

^^^^^^^^^^^^^^^^^^^^^^^^^^^^

Reflexionar sobre lo que es importante

Pensar superficialmente sobre muchas cosas

Para descubrir la verdadera naturaleza de un problema,
no necesitamos pensar más, sino pensar profundamente.

☑ CUANDO LAS COSAS ESTÉN DIFÍCILES, DI QUE SON DIFÍCILES

No soy de las que van por ahí diciendo que la estoy pasando mal. No sólo odio decirle a la gente que estoy sufriendo, sino que además no suelo considerarme como alguien que sufre. Tengo la sensación de que hablar de eso lo empeoraría, así que siempre acabo diciendo: "Estoy bien".

Pero reprimir mis sentimientos sólo me hace menos sensible hacia mí misma. Esto, a su vez, me hace insensible a otras cosas, y empiezo a descuidar mis sentimientos mientras sigo trabajando para superar el dolor, sin ser consciente de que me estoy acercando a mi límite.

Por eso tenemos que hablar cuando las cosas son difíciles, aunque nadie nos escuche o la situación no cambie. También necesitamos descansar un poco cuando las cosas se ponen muy difíciles. No siempre puedes controlar tus sentimientos diciendo que estás bien, y no siempre puedes ser fuerte.

Así que cuando sientas que te ahogas en responsabilidades, o cuando quieras llorar en cuanto llegas a casa del trabajo, di: "La estoy pasando mal".

Nadie más que tú puede cuidar de ti, y llega un momento en que la abnegación se convierte simplemente en abuso hacia ti mismo. Está bien ser un poco egoísta, un poco irresponsable. Pero no hay nada más irresponsable que descuidarte mientras finges ser responsable.

+

Con esa intención: últimamente la estoy pasando muy mal.

Supongo que la estoy pasando mal.

Ignorar los sentimientos no hace que mejoren; reconocerlos, sí.

☑ TÓMATE TU TIEMPO PARA PROCESAR LAS COSAS

El Estudio Grant de la Universidad de Harvard ha hecho un seguimiento de la vida de varias personas, en parte para determinar cuáles son las condiciones de la verdadera felicidad. Según uno de los principales investigadores del estudio, George Vaillant, el factor decisivo para el éxito y la felicidad de una persona en la vida radica en sus mecanismos de defensa inconscientes, concretamente en cómo responde a la adversidad. Vaillant identifica cuatro niveles de mecanismos de defensa —patológico, inmaduro, neurótico y maduro— y sostiene que la mayoría de los problemas psicológicos se derivan de cuestiones que surgen en nuestras diversas etapas de desarrollo.

Pero hubo un ejemplo concreto que me sorprendió. Se trataba de una mujer que deseaba tener un hijo desesperadamente, pero le diagnosticaron cáncer uterino y tuvo que someterse a una histerectomía. Tras despertar de la operación, en lugar de sentir una profunda tristeza, habló de ser más comprensiva con el sufrimiento de quienes la rodeaban. De cómo había tenido una suerte increíble y de que había sido una bendición descubrir su cáncer en una fase temprana y someterse a una operación exitosa.

¿Sería éste un ejemplo de mecanismo de defensa maduro o inmaduro? Al parecer es lo segundo. Pero ¿por qué tal aceptación, e incluso trascendencia, se consideraría inmadura?

Aunque su reacción puede parecerse al mecanismo de defensa maduro de la "sublimación", en realidad es una forma de "disociación" en la que una situación insoportable hace que uno se separe de la fuente del trauma. En otras palabras, es una respuesta inmadura que se disfraza de madura. Entonces, ¿cómo diferenciar un mecanismo de defensa maduro de uno inmaduro?

La diferencia radica en si la respuesta procede de un ajuste de cuentas adecuado: experimentar la propia tristeza, emprender un proceso reflexivo de lo sucedido, enfrentarse a la realidad tal como es.

^^^^^^^^^^^^^^^^^^^^^^^^^

IMITAR LA MADUREZ SIN PROCESAR ADECUADAMENTE

LO QUE HA SUCEDIDO ES SÓLO AUTOENGAÑO

Y NO UNA VERDADERA SOLUCIÓN.

^^^^^^^^^^^^^^^^^^^^^^^^^

Siempre escuchamos lo mismo: respétate a ti mismo, acéptate tal como eres y quiérete.

Todos son buenos argumentos. Deberíamos tratarnos a nosotros mismos de esta manera.

Pero no podemos querernos sólo fingiendo o simplemente repitiendo las palabras una y otra vez. Sólo puedes lograr amarte y respetarte a ti mismo mediante un proceso de crecimiento interno, que únicamente es posible si adquiriste una resistencia persistente al odio hacia ti mismo, la voluntad de dejar de pensar en recuerdos hirientes y de enfrentarte a ti tal como eres. Sólo cultivando la fuerza interior lograrás amarte a ti mismo.

Claro, es más fácil decirlo que hacerlo. Pero sólo quienes han recorrido el largo y duro camino pueden hacer fructificar el verdadero amor propio.

Dejemos de fingir que nos amamos a nosotros mismos. Intentemos amarnos de verdad.

Ciertamente espero hacerlo, y espero que tú también.

Para no perdernos, quizás [illegible] simplemente [illegible]

[illegible]

[illegible]

[illegible]

[illegible]

Claro, es más fácil decirlo que hacerlo. Pero [illegible]

[illegible]

De [illegible] que nos [illegible]

[illegible]

Afortunadamente [illegible]

☑ NO HAGAS ALGO SÓLO PORQUE ESTÁS ANSIOSO

He trabajado muy duro desde la universidad hasta ahora. Gané un concurso importante, pagué para participar en un extraño programa de liderazgo y apoyé muchas causas. Pero también hice muchas cosas que ahora no me sirven de nada.

Por supuesto, todas las experiencias son útiles hasta cierto punto, como sucedió con Steve Jobs, que aprendió caligrafía, lo que le permitió diseñar la tipografía de Apple. Pero no disponemos de una cantidad infinita de tiempo, y sólo cuando tenemos un punto focal para nuestros esfuerzos todas nuestras experiencias periféricas pueden tener también sentido. Y, sin embargo, como vivimos en un mundo en el que sentimos una presión constante para ser productivos y mejorar, siempre estamos haciendo algo, y hacerlo nos tranquiliza.

Pero ¿cómo puedo justificar una clase de programación para principiantes cuando todo lo que puedo hacer es imprimir "Hola mundo" o un certificado falso de algún pasatiempo estrafalario o las demás actividades de las que no tengo memoria? No garantizan ningún beneficio en la vida, y cualquier sensación de logro que proporcionen se evapora pronto.

El mundo está lleno de planes para aprovecharse de nuestra ansiedad y, sin un sentido de lo que es importante, caemos en ellos. Así que deja de perseguirte a ti mismo por tus preocupaciones, tus intentos desesperados por no quedarte atrás, tus elaborados esfuerzos por demostrar que te esfuerzas. En lugar de eso, vuelve a lo básico.

^^^^^^^^^^^^^^^^^^^^^^^^^^^^

¿QUÉ CLASE DE PERSONA ERES?

¿QUÉ COSAS PUEDES HACER POR TU PROPIO BIEN?

^^^^^^^^^^^^^^^^^^^^^^^^^^^^

Fíjate un objetivo y comienza el camino hacia él. Sé consciente de tu objetivo y alcánzalo: ahí reside el verdadero alivio.

Correr sin pensar significa que nunca llegarás a tu destino.

☑ APRENDE A SEGUIR CON TU DÍA, AUNQUE SURJA UN PROBLEMA

En la vida siempre surgen problemas inesperados. Muchos no tienen solución inmediata. Cosas de las que no puedes retractarte. Errores del pasado que te persiguen en el presente. Tareas de las que tienes que ocuparte constantemente para que no se conviertan en una bola de nieve. Obstáculos que hacen que quieras tirar toda tu vida por la borda y empezar de nuevo.

Ojalá pudiéramos reiniciar nuestras vidas como en un videojuego. Pero sólo porque algo salió mal, ¿debemos vivir nuestra vida como si estuviéramos muertos hasta la próxima?

Ciertamente he tenido momentos de desesperación. Pero siempre que los he tenido, he llegado a la conclusión de que quiero seguir viviendo. No es justo que renuncie a toda mi vida por un error, y aunque mi vida pueda parecerle insignificante a los demás, es la única que tengo. Como dice el protagonista de la serie *Another Miss Oh*, yo seguía queriéndome y deseando un futuro esperanzador para mí.

Tal vez ahora te encuentres en esa situación. Agotado, harto de ti mismo, con la vida agobiándote, es posible que quieras tirar la toalla. Pero tú eres el único cuidador real de tu vida. Sólo porque te hayan hecho daño o estés insatisfecho, no puedes dejar tu vida en la oscuridad para llorar. Eso es irresponsable. Si pasa algo malo, estar triste por eso durante un tiempo y permitirte procesar el dolor te llevará a encontrar una forma de vivir con ello.

No por razones tontas, como que tu dolor no es importante o porque "todo el mundo lo soporta", sino porque tu vida es preciosa para ti y espero sinceramente que la vivas bien.

*Lo mejor que podemos hacer es vivir
lo más fielmente posible al momento.*

CUARTA PARTE

Checklist para la convivencia

Cuando la gente se aliaba en mi contra, yo sólo pensaba: "Por maldecirme, bastardos, no me hacen daño y, si me elogiaran, eso no me volvería mejor de lo que ya soy. Así que hagan lo que quieran, ya que no me pueden golpear ni exaltar, y yo seguiré viviendo mi vida como quiero".

—Kim Hoon en la entrevista "Kim Hoon es Kim Hoon y PSY es PSY", por Kim Gyeongg

☑ TEN AL MENOS UN NIVEL BÁSICO DE RESPETO MUTUO

U na vez se hizo viral la historia de un hombre que desapareció y después fue encontrado muerto. Los internautas especulaban si había sido asesinado, si se suicidó o si fue víctima de un accidente. Pero cualquiera que haya sido la forma de su muerte, ¿no es tragedia suficiente el hecho de que ya no esté vivo? Una historia trágica puede ser motivo de habladurías para cualquiera que lea sobre ella. A un extraño, un barrio pobre puede parecerle romántico, o a un viajero, una "experiencia".

Es cierto que la naturaleza humana siente curiosidad por las penurias de los demás. Pero ¿y si otros te hicieran eso a ti? ¿Lo permitirías? Nadie debería tener derecho a violar la intimidad de los demás.

Si no quieres encontrarte en medio de habladurías de desconocidos, tienes que proteger también la intimidad de los demás. No puedes crear una zona de protección exclusiva para ti y no hacer un esfuerzo por salvaguardar la de los demás. No puedes exigir el derecho a ser olvidado cuando exiges el derecho a conocer los asuntos de los demás.

Frena tu curiosidad por los asuntos de los demás. Es la mejor manera de proteger tu intimidad y lo mínimo que podemos hacer para respetarnos unos a otros.

☑️ NO TE ESFUERCES TANTO POR SER ENTENDIDO POR TODOS

¿Te vas a casar? ¿Tienes trabajo? ¿Tienes novio? ¿Y tus ahorros? La gente cree que estas preguntas son groseras. Pero no son las preguntas en sí las que son groseras, sino el juicio detrás de ellas.

Es el escrutinio de quienes piensan que cualquiera que se salga de su idea de la norma está "equivocado": son como psicólogos o los que se dedican a hacer perfiles criminales que se creen neutrales e imparciales, cuando ni siquiera saben lo más mínimo sobre sí mismos.

Pero al igual que un estudiante de matemáticas que no puede resolver una ecuación de segundo grado es el culpable y no la ecuación de segundo grado en sí, la incapacidad de alguien para entendernos no es culpa nuestra, sino de la otra persona.

No hay necesidad de preocuparte por esas personas ni de esforzarte por demostrarles lo que vales.

^^^^^^^^^^^^^^^^^^^^^^^
**NO ESTAMOS AQUÍ PARA OBTENER
LA VALIDACIÓN DE LOS PREJUICIOSOS.
TU VIDA, AL FINAL, ES TUYA.**
^^^^^^^^^^^^^^^^^^^^^^^

✦

Los que confunden todas las perspectivas en tercera persona con la omnisciente seguramente malinterpretarán siempre la situación.

*Pero no estoy aquí para
que me entiendas.*

✅ RESPETA LOS LÍMITES DE LOS DEMÁS

Tengo una amiga que siempre está alegre. Nunca la he visto deprimida o estresada por los proyectos de la universidad o las noches en la oficina. A todo el mundo le fascina su actitud. ¿Es posible que haya una persona tan despreocupada?

Como amiga suya desde hace más de una década, puedo asegurarte que no es todo sol y caramelos: ella es tan compleja como cualquier otra persona. Es cierto que goza de buena salud física y mental y que no es hipersensible. Pero también mantiene unos límites personales que nunca traspasa ni permite que nadie traspase. Esto no se debe a que esté llena de oscuros secretos, es sólo que cada persona tiene su espacio personal y un sentido diferente de dónde cree que deben estar sus límites.

Desde que éramos pequeños, nos hemos acostumbrado a que los demás vulneren nuestros límites en nombre de la amistad o la familia, una transgresión que a menudo se disfraza de intimidad.

Pero abrirte por completo y perder tus límites no son requisitos previos de una buena relación, y no podemos exigir que alguien baje la guardia en nombre de la amistad. Incluso si crees que alguien ha impuesto muchos límites, no es asunto tuyo entrometerte en ellos. Traspasar los límites personales de alguien es una forma de violencia. Una buena relación requiere que respetemos los límites del otro, y una buena amistad incluye la capacidad de disfrutar de la compañía del otro desde una distancia cómoda.

+

Aunque no comparte todo conmigo, la considero una gran amiga.

No confundas una transgresión de los límites con intimidad.

☑ CONVIÉRTETE EN UN INDIVIDUALISTA GENEROSO

E l libro *The Courage to Be Disliked* [*Atrévete a no gustar*] se convirtió en un éxito de ventas tanto en Corea como en Japón. Se vendió tan bien que se volvió merecedor de la etiqueta de "fenómeno". ¿Por qué tuvo tanto éxito en estos dos países? Curiosamente, con frecuencia se dice que Corea y Japón tienen bajos niveles de felicidad, a pesar de su riqueza.

¿Por qué? El nivel de individualismo de un país es un importante factor cultural relacionado con la felicidad, y sus efectos inductores de felicidad están desvinculados de la riqueza. Los países ricos con bajos niveles de individualismo suelen ser menos felices. Es el caso de países súper colectivistas como Corea y Japón. ¿Qué tiene el colectivismo que inhibe la felicidad? El colectivismo premia la armonía, hace hincapié en el bien del grupo por encima del bien del individuo y ejerce control sobre las personas en aras de la comunidad, lo cual es muy agotador. Pero el mayor problema es cómo este control se interioriza en los individuos.

Si una sociedad individualista utiliza la culpa o la vergüenza privada de alguien para controlar y regular a sus ciudadanos, las sociedades colectivistas usan la humillación o la vergüenza pública. La humillación es la vergüenza vista a través de los ojos de los demás, lo que nos lleva a estar constantemente pendientes de los otros, dejando que su mirada afecte a todos nuestros movimientos. Nos ponemos en el lugar de los demás y decimos cosas como: "Les demostraré, les demostraré a todos" y "Ya nadie podrá mirarme por encima del hombro". Es como tener una cámara de vigilancia en el alma. La idea de que alguien te observa te mantiene tenso y ansioso. El hecho de que un libro como *The Courage to Be Disliked* haya sido un fenómeno editorial en Corea y Japón es una prueba de nuestro cansancio por el colectivismo, donde vivimos en constante temor al juicio de los demás.

La razón por la que nos convertimos en una sociedad colectivista es que procedemos de orígenes agrarios donde el trabajo colectivo era crucial. Pero hoy en día no todo el mundo cultiva arroz. Lo que necesitamos, más que tener el valor de desagradar a los demás, es un individualismo tolerante. No digo que todo lo extranjero sea bueno. Es sólo que necesitamos equilibrar una parte del colectivismo de nuestra sociedad. Debemos mantener una visión general de la sociedad, pero permitir al mismo tiempo la individualidad y la libertad personal. Por no mencionar el hecho de que las investigaciones demuestran que el individualismo no incrementa el comportamiento antisocial como cabría esperar, sino que se correlaciona con la cortesía, la generosidad y la responsabilidad social. Las relaciones son más significativas porque se respeta a las personas por lo que son.

Creo que dos cosas mejorarían la sociedad: una, no ser entrometido con los demás; esto es una cuestión de responsabilidad personal. Dos, no preocuparnos por lo que piensen los demás; deberíamos aceptar los valores y estilos de vida de los demás y aprender a coexistir. No soy perfecta en ninguno de los dos aspectos, pero lo intento.

^^^^^^^^^^^^^^^^^^^^^^^^^^

POR TU FELICIDAD Y LA DE LOS DEMÁS,
SÉ MÁS GENEROSO CON LOS DEMÁS Y CONTIGO MISMO.

^^^^^^^^^^^^^^^^^^^^^^^^^

Un poco menos de preocupación, un poco más de respeto.

☑️ DEJA DE HACER DE LA VIDA UN GANAR O PERDER

Durante el curso de orientación vocacional, tuve la siguiente conversación con una chica de mi generación. Se graduó de una preparatoria de artes de Seúl, que envió a otros chicos a nuestro departamento. Fascinada, le dije: "Debe ser bonito estar aquí con amigos de la preparatoria".

"No son mis amigos", dijo ella.

"¿Qué? ¿Por qué no?"

"Sólo son competidores."

¿Qué era esto, un drama de preparatoria?

Al final, la ingenua fui yo. Todos ya éramos profundamente competitivos. Incluso yo había leído libros sobre cómo mejorar el rendimiento académico, uno de los cuales recomendaba que visualizaras a tu némesis mientras estudiabas. Designé a un compañero de clase como mi némesis, pero no duró mucho. El país estaba lleno de chicos que eran mejores que yo en los estudios, y parecía una tontería intentar vencer a un solo chico. Pero ¿cuántos otros niños habían seguido el mismo consejo y se habían convertido en némesis?

La infancia debería ser un periodo en el que se forjan amistades para toda la vida, pero en lugar de eso se nos incita a competir contra nuestros amigos por las calificaciones y por entrar en las mejores universidades. Nuestros compañeros son considerados como competidores, no como vecinos con fiables. Por eso, a pesar de ser una sociedad muy colectivista, Corea ocupa los últimos puestos en relaciones comunitarias y sociales en la Organización para la Cooperación y el Desarrollo Económicos (OCDE).

Irónicamente, somos menos comunitarios que el Occidente individualista. Esto significa que actuamos conscientes de la mirada de los demás, según nuestras costumbres sociales fuertemente colectivistas, pero no hay confianza ni solidaridad en esa mirada. Nuestras relaciones nos asfixian y nos hacen sentir solos al mismo tiempo. Y eso nos deja exhaustos.

¿Qué ganamos con todo esto? ¿Nuestra competitividad nos da una ventaja? Yo creo que no. Bong Joon-ho ganó el Oscar a la mejor película llevando al límite la calidad de su cine, no porque estuviera decidido a superar a Martin Scorsese o Quentin Tarantino.

Si constantemente estás contando tus victorias y derrotas o no estás dispuesto a ceder ni un milímetro a otra persona, o sientes celos de la buena fortuna de un amigo, tal vez sólo estés muy acostumbrado a una sociedad competitiva. Pero la competencia sólo nos agota y nos tensa. La competencia no garantiza una ventaja competitiva. En lugar de torturarte convirtiendo a todo el mundo en tu némesis, encuentra tu verdadero propósito y construye un mundo propio.

Y más allá de eso, recupera tu confianza en los demás y encuentra una comunidad en la que no estén clasificándose unos a otros todo el tiempo.

^^^^^^^^^^^^^^^^^^^^^^^^^^^^^^

SÓLO AL CONSTRUIR TU PROPIO ESPACIO DENTRO DE LA SEGURIDAD DE UNA COMUNIDAD PUEDEN BRILLAR DE VERDAD TUS PUNTOS FUERTES Y TU POTENCIAL.

^^^^^^^^^^^^^^^^^^^^^^^^^^^^^^

Nadie te robó nunca la felicidad.

☑ NO SEAS AMABLE SÓLO PARA NO CAER MAL

Cuando era pequeña detestaba tanto a las personas hipócritas que las señalaba públicamente y las humillaba (no digo que esté orgullosa de ello). Debido a eso, tenía muchos enemigos.

Pero en realidad no es tan gratificante pensar que la gente te odia, aunque no haya ninguna posibilidad de que los veas en persona. Y yo quería convertirme en una persona más afable. Pensaba que incluso si me enteraba de que alguien decía cosas malas de mí, todo saldría bien mientras yo no reaccionara. Pero, a pesar de mis esfuerzos, nunca sería lo que los demás consideran una persona "agradable" y, en cambio, acabé convirtiéndome en alguien que no sabía defenderse.

¿Por qué sentía que tenía que ser una buena persona? Sigo sintiéndolo, hasta cierto punto. Quiero ser amable conmigo misma, con la gente que está cerca de mí, con los que necesitan mi ayuda.

Pero intentar ser amable con todo el mundo, incluso con desconocidos que te juzgan sin conocerte, es como renunciar al derecho a la autodefensa. Tengo que respetarme a mí misma, y la antipatía que tiene alguien hacia mí

no afecta realmente mi vida de ninguna manera. Por eso dejé de esforzarme en ser amable sólo para no caer mal.

Es importante no hacerle daño a los demás, pero todos tenemos la responsabilidad y el derecho a defendernos.

+

Aviso a mis enemigos: los destruiré.

¿Creen que soy rara? Tienen razón. Tengan cuidado.

Jódete.

Los ataques premeditados son ilegales,
pero la legítima defensa no lo es

☑ NO TE AVERGÜENCES DE COSAS DE LAS QUE NO TIENES POR QUÉ AVERGONZARTE

Cuando mi mamá era pequeña, sufrió una fiebre que le paralizó el nervio facial, cosa que nunca me pareció extraña. En tercero de primaria fui con ella a un picnic de mi clase, y una compañera me dijo que el rostro de mi madre era raro. Hay que tener en cuenta que de niña yo era tan tímida en el preescolar que, incluso en la clase de natación, me cambiaba y me quitaba la ropa lejos de los demás. Pero escuchar a mi compañera de clase decir que el rostro de mi madre era raro no me hizo sentir vergüenza. Mamá simplemente tenía las secuelas de la fiebre en la cara, ¿por qué alguien se avergonzaría de eso?

La amiga de una amiga fue a un spa postparto y una de las mujeres les preguntó a todas en qué trabajaban sus maridos, en qué tipo de casa vivían y si eran dueñas o la rentaban. Esta entrometida procedió a intercambiar números con unas cuantas personas en función de sus respuestas. Qué grosero y burdo juzgar así a los desconocidos. Mi amiga, que escuchó esta historia de su amiga, acabó manteniendo la distancia con las demás mujeres durante su estancia en ese spa postparto. Y así continúa el círculo vicioso. Las groseras son el problema, pero sus víctimas son quienes acaban sintiéndose heridas y amenazadas y se retraen socialmente.

Pero ¿por qué *nosotros* deberíamos avergonzarnos? ¿Quién debería avergonzarse?

Que algunas personas sean desvergonzadas no significa que debamos sentirnos avergonzados de nosotros. Aunque no puedas decirles que se callen la boca, **no nos avergoncemos de cosas de las que no tenemos por qué avergonzarnos.**

✚

Los que se ríen de los demás son los más risibles de todos.

¿Qué te importa?

En un programa de televisión, cuando una cantante señaló los pechos de otra y preguntó: "¿Qué, son falsos?", la otra cantante respondió: "Falsos o no, ¿a ti qué te importa?".

Exactamente.
¿Qué te importa?

☑️ NO ES NECESARIO QUE TE LLEVES BIEN CON TODO EL MUNDO

Una abuela del barrio visitó a mi amiga y le preguntó si podía ir a verla de vez en cuando. Mi amiga, a la que le costaba decir que no a las cosas, le dijo que sí. Entonces, la nieta de la abuela la visitó y trató de que mi amiga fuera miembro de su extraña religión, y luego volvió a visitarla más veces con los miembros de su secta.

En todas partes hay gente que se aprovecha de la educación de los demás. A veces hay que frenar nuestros modales. Aunque te sientas incómodo, tienes que expresar tus necesidades, decir que no e insistir en tus límites. No cabe duda de que es más fácil decirlo que hacerlo, y a mí misma me cuesta trabajo. Pero ¿a qué estaría renunciando para que me consideraran una "buena persona"? ¿Valdría la pena el malestar que recibiría a cambio?

Si ser una buena persona significa soportar un nivel intolerable de incomodidad y abuso, es mejor ser exigente. Proteger tu paz no implica que no seas amable. Además, si alguien es lo bastante bueno como para conservarlo como amigo, debería respetar tus límites. Si se ofende fácilmente cuando le pones límites, no es alguien a quien debas aferrarte.

No debemos sentirnos con derecho a traspasar los límites de los otros, y definitivamente no debemos permitir que otros se sientan con el derecho a traspasar los nuestros.

∧∧∧∧∧∧∧∧∧∧∧∧∧∧∧∧∧∧∧∧∧∧∧∧∧

ES IMPOSIBLE LLEVARTE BIEN CON TODO EL MUNDO,

LAMENTO DECIR ESTO, PERO LA PERSONA A LA QUE TIENES

QUE CUIDAR PRIMERO ES A TI MISMO, SIEMPRE.

∧∧∧∧∧∧∧∧∧∧∧∧∧∧∧∧∧∧∧∧∧∧∧∧

Quienes se preocupan de verdad por nosotros nunca nos pedirían demasiado.

☑ APRENDE A DISTINGUIR ENTRE ALGO GASTADO Y ALGO ARRUINADO

Cuando recibo un teléfono nuevo, se me encoge el corazón si le hago un raspón, aunque sea pequeño. Como los raspones son inevitables, es mejor aceptarlos que dejar que te molesten. Si cada vez que algo tiene un rasguño actuáramos como si estuviera arruinado, nos quedaríamos en bancarrota por tener que comprar cosas nuevas todo el tiempo.

Esta mentalidad de deterioro por el uso también se aplica a las relaciones. Incluso las mejores sufren algún daño, y es imposible no sentirse decepcionado por alguien. Si el daño es grande, por supuesto, es mejor separarse. Pero si sigues rechazando a la gente por los inevitables roces de la vida, te quedarás solo.

Ser perfeccionista en las relaciones sólo conduce a la pérdida.

Ten cuidado al distinguir entre el desgaste ordinario de una relación y algo a lo que no pueda sobrevivir. Dependiendo de la solidez de la relación, los raspones pueden pulirse fácilmente.

No deseches a un buen amigo porque esperas sólo un mejor amigo.

☑ DA LO MEJOR DE TI EN TUS RELACIONES ACTUALES

Cuando pasé de la adolescencia a mis veinte y luego a mis treinta, mi lista de amigos sufrió algunas modificaciones. Hay amigos que nunca se han caído del pedestal, otros que se han distanciado tanto que no sabría cómo contactar con ellos y nuevos amigos con los que lo comparto todo. Al pensar en las amistades que se han caído del pedestal o en las que parecía que iban a resistir el paso del tiempo, me siento culpable de mis fracasos. ¿Por qué fui tan inmadura? ¿Actuaría de otra manera hoy?

Pero al igual que yo tenía mis límites, mis amigos también tenían los suyos, y como no podemos conservar todas las relaciones que hemos tenido, las más débiles inevitablemente se desgastan o desaparecen. Esto no significa que seamos malas personas; a veces, el final de una amistad es, simplemente, un hecho de la vida. No tienes por qué culparte por el fracaso de tus relaciones ni preocuparte por perder las que tienes ahora. Sé la mejor persona que puedas ser para los que te rodean y muéstrate abierto a entablar amistad con la gente que conozcas.

^^^^^^^^^^^^^^^^^^^^^^^^^^^

IGUAL QUE TÚ NECESITAS A ALGUIEN, ALGUIEN TAMBIÉN

TE NECESITA A TI. ASÍ ES COMO TODOS SOBREVIVIMOS

EN ESTE MUNDO, A PESAR DE SUS IMPERFECCIONES.

^^^^^^^^^^^^^^^^^^^^^^^^^^^

Ni los cerezos en flor de la primavera,
ni el arcoíris después de una tormenta,
ni los cometas en el cielo pueden durar
para siempre, así que disfrútalos
en el momento.

☑ VE A TODA VELOCIDAD CUANDO HAYA LUZ VERDE

Cuando estás enamorado de alguien es comprensible que te fijes en cómo te responde, buscando una luz verde, una señal para seguir adelante. Pero incluso la falta de respuesta puede tener muchas explicaciones:

1. Se le rompieron los dedos.
2. Estás fuera de su vista, fuera de su mente.
3. Está ocupado con el trabajo.
4. Está esperando a que llames tú primero.

Y puede haber otras razones para su silencio. Nunca se trata de una sola cosa; cada situación es diferente. Ni siquiera un maestro de relaciones o un tarotista legendario pueden entender del todo las intenciones de otra persona.

Y si aun así quieres saber si tienes luz verde, entonces la pregunta más adecuada no sería "¿Qué piensa esta persona de mí?", sino "¿Qué pienso yo de esta persona?".

Si la respuesta es "me gusta esta persona", entonces ésa es tu luz verde para acercarte a ella.

No ames porque sí. Haz que el amor suceda.

✓ EXPRESA TUS SENTIMIENTOS

Hace poco me encontré con un meme sobre relaciones que decía que una pareja que nunca se enoja, pero siempre es complaciente, es una persona considerada que lo ha dado todo en una relación y puede dejar esa relación sin remordimientos. Por lo tanto, concluía, siempre hay que hacer todo lo posible por ser complaciente.

Me pareció un poco extraño. ¿Eso era realmente considerado? ¿Quién quiere estar con alguien que sonríe por fuera, pero cuenta el número de golpes por dentro antes de encontrar una salida?

El meollo de mi problema con este meme es la supresión de la propia insatisfacción. Los que evitan expresarse se consuelan con el hecho de que pueden decidir irse cuando quieran: su única expresión de descontento es su partida.

Esta falta de autoexpresión puede parecer devoción, pero es más una especie de agresividad pasiva, una forma de presentarse uno mismo como víctima que busca venganza contra los injustos.

¿Están justificados estos ataques contra los injustos? ¿Quién merece tirar la primera piedra? Todo el mundo ha sido inadvertidamente cruel con alguien. Tendemos a recordar más las injusticias perpetradas contra nosotros que las que nosotros hemos perpetrado contra otros, y todos tenemos diferentes ideas de lo que es justo o injusto

Por eso es importante expresar nuestros sentimientos a los demás. Así como nuestros coches nos avisan con un pitido cuando nos estacionamos en paralelo, debemos expresar nuestra consternación cuando otras personas se acercan demasiado a los límites de nuestra tolerancia. El poder de cortar una conexión personal en cualquier momento no es una forma de autoestima, y mientras uno huya de la necesidad de expresarse, las relaciones siempre resultarán problemáticas.

^^^^^^^^^^^^^^^^^^^^^^^^^^^^

APRENDE A EXPRESARTE,

A CULTIVAR RELACIONES SANAS

Y A CONSTRUIR TU VIDA

DENTRO DE ESAS RELACIONES.

^^^^^^^^^^^^^^^^^^^^^^^^^^

Expresarte es difícil, y no es el consejo que quizá querías oír, pero es lo que tenemos que aprender para encontrar la verdadera felicidad.

Ser considerado tiene que ver
con la forma de expresar algo,
no con el hecho de expresarlo.

☑️ ENCUENTRA A ALGUIEN CON QUIEN ESTAR

H a habido una avalancha de best sellers sobre cómo ser feliz estando solo. ¿Tendrán razón? ¿Se puede ser realmente feliz viviendo solo?

En un libro titulado *The Origin of Happiness* [El origen de la felicidad], del doctor Eunkook M. Suh, se describe nuestro ADN como la guía de supervivencia de nuestros antepasados. Nuestros sistemas de estrés se activan cuando hacemos cosas que no favorecen la supervivencia, y nuestra dopamina se dispara cuando hacemos cosas que sí. Esto significa que no comer bien nos estresa y comer bien nos hace felices. Está en nuestro ADN.

¿Cuáles eran las cosas más importantes que necesitaban nuestros antepasados para sobrevivir?

Seguramente era la comida y la gente. Volvamos a los tiempos del *Archaeopteryx*. Para nuestros antepasados, alejarse de la manada significaba la muerte instantánea. Por eso, cuando una relación va mal, el estrés es tan grande porque el fin de la relación representa una amenaza para nuestra propia supervivencia. La soledad equivale a la muerte.

Ya no tenemos que preocuparnos por dónde encontrar comida —está a nuestro alrededor— y, sin embargo, la comida sigue siendo una importante fuente de estrés. Para quienes están agotados por las señales de amenaza provenientes tanto de la comida como de las relaciones, el libro best seller sobre la soledad y nuestro ADN parecería un dulce alivio.

El libro no se equivoca. A menos que el mundo se convierta en algo parecido a The Walking Dead, no importa si alguien te odia o te cae bien. Cuando sientes hambre, tienes tu tarjeta de crédito. Cuando estás en peligro, puedes llamar a la policía. Cuando te preocupa el futuro, llamas a tu compañía de seguros. Es un mundo nuevo. Ser un solitario ya no es para tanto. (¡Yey!) Además de algunos comentarios hipersensibles sobre el ADN, no pasa nada por caer mal. El único problema de todas estas buenas noticias es que nuestro ADN no ha seguido el ritmo de este nuevo mundo. Dado que las relaciones eran el factor más importante para nuestra supervivencia, nuestra mayor felicidad proviene de la formación de relaciones sólidas, del mismo modo que nuestro mayor estrés proviene de los conflictos interpersonales.

Puede sonar anticuado, pero, nos guste o no, somos más felices cuando estamos con alguien. No es una cuestión de literatura, sino de psicología evolutiva; no de sentimiento, sino de instinto.

Así que no elijas el camino difícil porque te han insultado antes. Encuentra a alguien que esté en tu mismo canal. No hace falta que renuncies a la comida por una intoxicación o que te enclaustres sólo porque conociste a una mala persona. Lo importante es evitar la comida en mal estado e intentar alejarse de la gente mala.

Encuentra un amigo que te comprenda y respete sin importar tu situación, alguien que no se burle de ti por tus defectos. Y una vez que lo hagas, sé esa persona para ellos a cambio. Ésa es la mejor píldora contra la ansiedad y el camino más fiable hacia la felicidad.

+

Lo que necesitas de tu amigo que llega tarde no es una excusa, sino una disculpa. Lo que necesitas para hablarle a la persona que te gusta no es una señal mágica, sino valor. Y lo que necesitas cuando te sientes solo no es el poder de soportar la soledad, sino un verdadero compañero.

*Oye, amigo, cuando la vida era dura y
llegaba lo inesperado, lo que me ayudaba
a superar esos momentos que no podía
—o no quería— explicar no eran grandes
gestos, sino tu calma empática.*

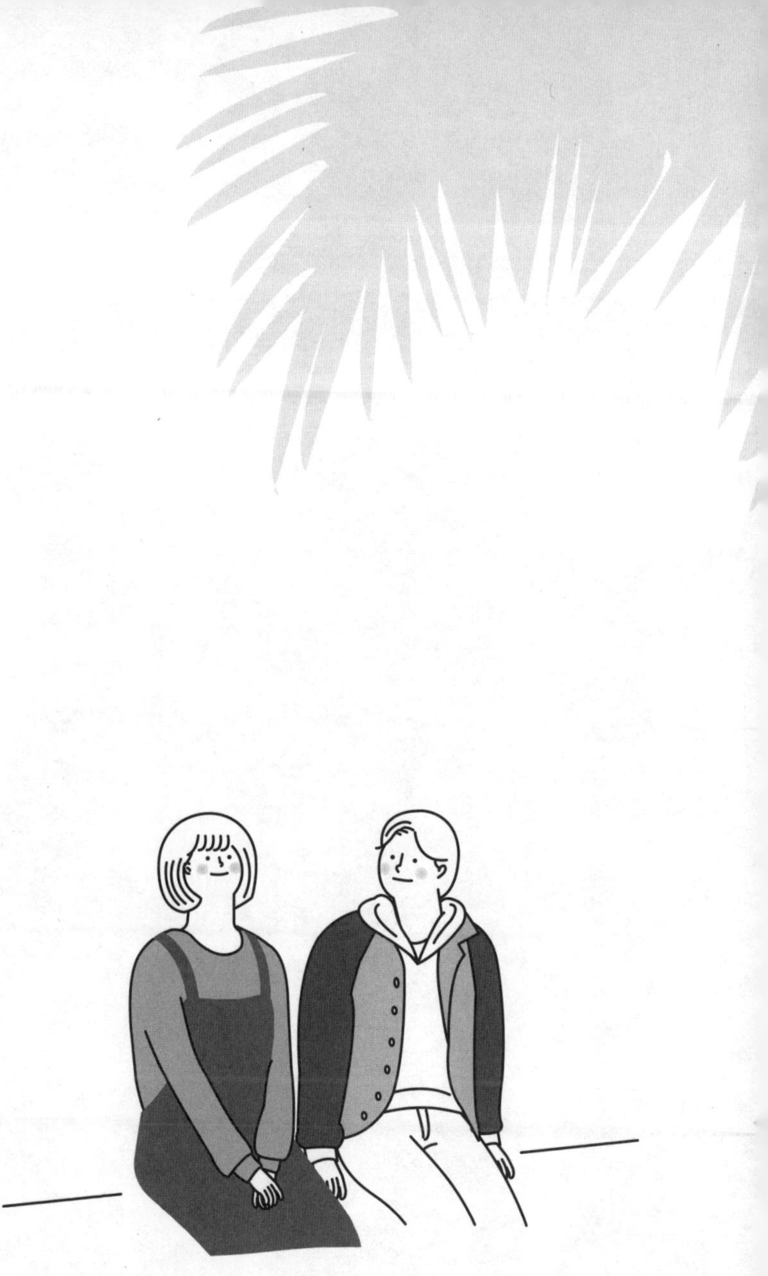

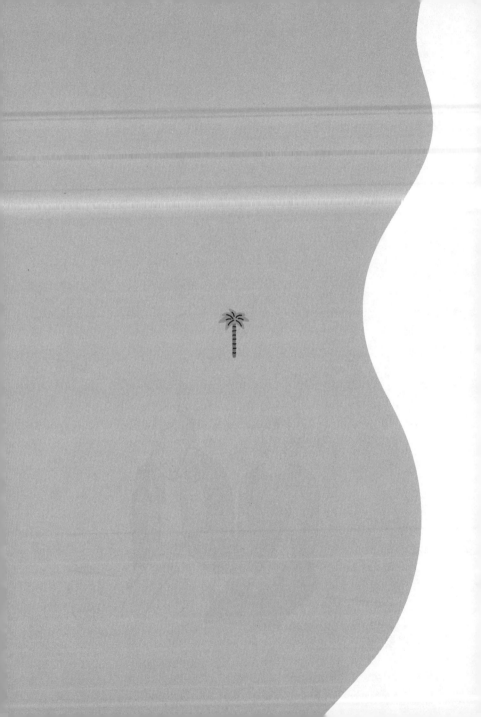

QUINTA PARTE

Checklist para un mundo mejor

Cada país tiene el gobierno que se merece.

—*JOSEPH DE MAISTRE*

☑ NO TE MENOSPRECIES

E n un programa televisivo de entrevistas, un joven del público le dijo a su madre frente a la cámara: "Mamá, algún día te compraré un Benz", y la madre lo miró con una sonrisa de satisfacción. Claro, es un bonito sentimiento. Pero quizá soy un poco perversa porque me parece triste. Siento decirlo, pero las probabilidades de que este chico le compre a su madre un Mercedes Benz son minúsculas. No por defectos suyos, sino porque las probabilidades económicas están en su contra.

Dicen que en el momento en que aparece el cordón umbilical, el niño chupa el dinero de los padres. La educación es costosa por lo competitivas que son las escuelas. Las colegiaturas universitarias no dejan de aumentar, y el costo de alojamiento y manutención suma miles al mes.

Claro que a algunos hogares les va mejor que a otros, pero la mayoría de los hijos tienen deudas astronómicas con sus padres cuando salen de casa. Por eso dicen cosas como que les comprarán un Benz a sus padres. Porque después de haberles roto la espalda a sus padres, piensan que un Benz podría compensarlos adecuadamente.

El problema radica en lo difícil que es pagar esta deuda. El desempleo es elevado. La gente entra en el mercado laboral cada vez más tarde. Sólo 5 por ciento de quienes lo solicitan consiguen un empleo en un *chaebol* (incluso entonces, los Benz están descartados), y en cuanto al resto, tendrá empleo, pero pasará apuros económicos. Sería imposible que una pareja se casara y pudiera pagar una renta sin un préstamo de un banco o de sus padres.

Una vez que la pareja tiene hijos, el ciclo vuelve a empezar, y nunca en ese ciclo llega un día en que puedas permitirte comprarles a tus padres ese Benz.

Lo que empeora la situación es que se ha convertido en tabú decir cualquier cosa que pueda pisotear los sueños y el potencial de nuestros hijos, y que, a pesar de la necesidad de mirar la realidad de frente para encontrar soluciones viables, sólo nos permitimos hablar de una fantasía de éxito para una minoría de niños. Al final, muchos niños crecen sintiendo pérdida y desesperación, porque llegaron al mundo con sueños, pero todo lo que pueden permitirse son sobras.

Y en ningún momento hicieron nada malo.

Los verdaderos culpables son el elevado costo de la vida y de la educación, y la falta de empleos lo suficientemente bien remunerados para que la gente pueda pagar ese costo y esa educación, que en gran medida están fuera de nuestro alcance. Vivimos en una sociedad que nos obliga a endeudarnos incluso antes de crecer, que no nos presenta una forma de saldar esa deuda y nos hace sufrir la culpa por nuestras propias deficiencias imaginarias.

Si tú también sufres sentimientos de culpa e incompetencia, al menos deberías entender cómo te convertiste en deudor. Aunque este conocimiento no pagará tus deudas por ti, al menos te ayudará a no culparte a ti mismo. Una sociedad que crea deudores a partir de la gente común es una sociedad enferma.

^^^^^^^^^^^^^^^^^^^^^^^^^^^

TU DEUDA NO ES RESULTADO DE VIVIR MAL TU VIDA.

^^^^^^^^^^^^^^^^^^^^^^^^^^^

Lamento ser común.

(No has hecho nada malo.)

☑ CUANDO LO NECESITES, SOPORTA

U na compañera de mi primer trabajo, de la que sigo siendo amiga, es diligente y educada. Pero no soporta que sus jefes la traten como si fuera prescindible.

En una ocasión, su jefe alardeó de haberle dado una pequeña gratificación y, cuando ella no se mostró lo suficientemente agradecida, le dijo: "¿Deberías devolvérmela?". Mi amiga se enojó tanto que le devolvió el dinero junto con su carta de renuncia. La empresa le rogó que se quedara.

Por lo que he escuchado, él era todo un personaje. ¿Quién bromearía con el sueldo así? Aun así, le dije a mi amiga que no renunciara. ¿Y quién soy yo para decirle eso?

Uno de mis jefes exageró sobre el número de personas que se habían presentado para un nuevo puesto y me dijo: "Hay muchos otros diseñadores ahí fuera, vigila tus espaldas", dando a entender que yo era reemplazable. Así que le dije: "¿Sabes qué? ¿Por qué no renuncio? Así podrás elegir a dos personas". Claro, entonces yo era más joven y trabajaba tanto que era imposible que me despidieran, pero mi amiga estaba en la misma situación. Aun así, le dije que no se apresurara a renunciar, que sólo debía hacerlo cuando fuera absolutamente necesario. Aunque el jefe fuera tan horrible que bromeara con su sueldo y esperara que ella agradeciera el hueso que le daba de vez en cuando, no debería cambiar su vida por su culpa. Renunciar le daría mucho más poder. Seguro que él no vale tanto en su vida, ¿verdad?

No hay por qué perdonarlos ni sonreír por ellos, y tendrás que encontrar la manera de lidiar con sus proserías; aun así, si necesitas estar donde estás ahora, sobrellévalo.

^^^^^^^^^^^^^^^^^^^^^^^^^

TÚ TOMAS TUS PROPIAS DECISIONES, Y NO ES VERGONZOSO SOPORTAR UN TRABAJO DIFÍCIL. ES CUESTIÓN DE PRIORIZAR TU VIDA SOBRE LA GENTE MALA.

^^^^^^^^^^^^^^^^^^^^^^^^^

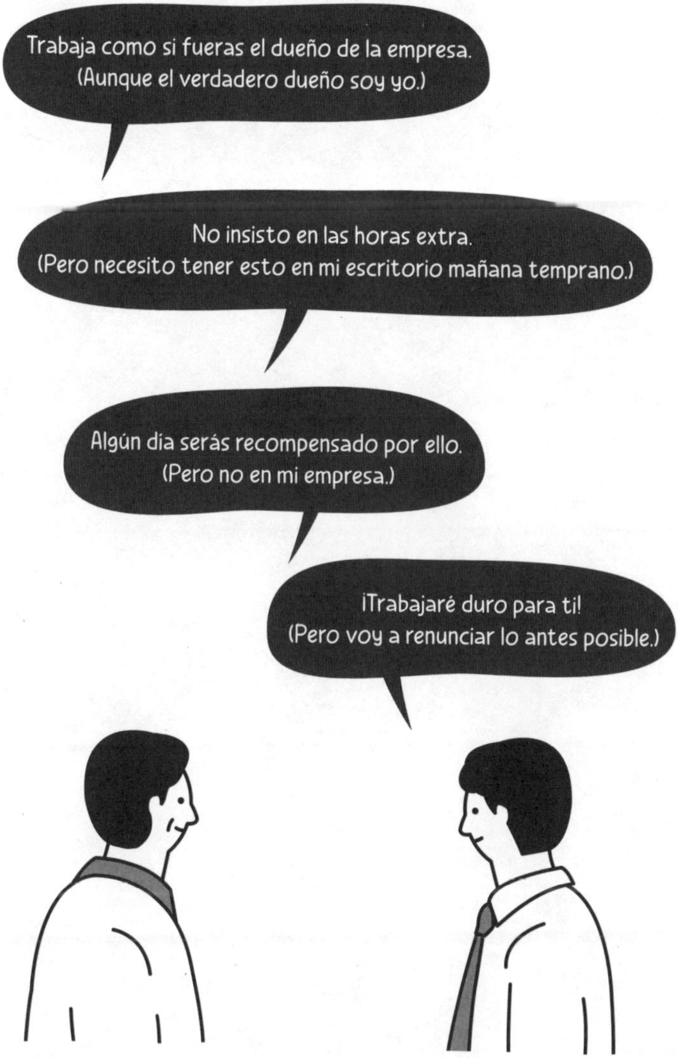
Trabaja como si fueras el dueño de la empresa.
(Aunque el verdadero dueño soy yo.)
No insisto en las horas extra.
(Pero necesito tener esto en mi escritorio mañana temprano.)
Algún día serás recompensado por ello.
(Pero no en mi empresa.)
¡Trabajaré duro para ti!
(Pero voy a renunciar lo antes posible.)

☑ EL VERDADERO CAMBIO TOMA TIEMPO

El sociólogo Nho Myung-woo, de la Universidad de Ajou, afirma que, aunque parece que el mundo cambia deprisa, en realidad lo hace *muy despacio*. Algo así como una persona clínicamente obesa que después de tres meses de ejercicio extremo baja su peso a niveles saludables, pero tiene problemas para mantenerlo sin dedicarle un gran esfuerzo porque su metabolismo aún no se ha ajustado.

Nuestros cuerpos, problemas personales y cuestiones sociales no cambian de inmediato y los cambios nunca son permanentes. Así como el mantenimiento y la vigilancia del peso son fundamentales para evitar el efecto yo-yo, necesitas tiempo y un esfuerzo continuo para lograr un cambio real, incluso si eso significa tener que dar marcha atrás o sentir que estás corriendo en el mismo lugar. Así son las cosas.

∧∧∧∧∧∧∧∧∧∧∧∧∧∧∧∧∧∧∧∧∧∧∧∧∧∧

LA FORMA MÁS IMPORTANTE DE LOGRAR UN CAMBIO SIGNIFICATIVO ES SER PACIENTE.

∧∧∧∧∧∧∧∧∧∧∧∧∧∧∧∧∧∧∧∧∧∧∧∧∧∧

CÓMO PREVENIR LAS CICATRICES DE UNA QUEMADURA

1. Aplica pomada.

2. Aplícala a menudo.

3. Síguela aplicando.

No hay otro modo.

La mejor manera de tratar una herida es intentar curarla un poco cada día..

☑ A VECES, CAMBIA A NEUTRAL

Siempre fui una participante silenciosa en internet, pero hubo un tiempo en que deseé formar parte de un grupo de personas con ideas afines. Mis convicciones políticas eran más fuertes entonces, así que me uní a una comunidad política. Estaba de acuerdo con 90 por ciento de las opiniones expresadas, lo que fue una experiencia divertida. El problema radicaba en el 10 por ciento con el que no estaba de acuerdo. La mayoría me acusaba de lo mismo, de ser una espía que estaba allí para "trolear" al grupo y sembrar el descontento. Y así, mi primera y última participación en una comunidad en línea llegó pronto a su fin, y me quedé con una pregunta. Todos aprendemos en la escuela que debemos interesarnos en las cuestiones sociales y que la participación es crucial en una democracia sana, pero ¿por qué, a pesar de todo el interés y la participación, nos queda la sensación de que el mundo no mejora?

El problema no es cuánto participamos, sino cómo. Cuando se prioriza la toma de partido sobre la búsqueda de consenso, el discurso se convierte en una prueba de pureza. Incluso cuando hay acuerdo en nueve de cada diez cuestiones, el único desacuerdo convierte al disidente en un elemento impuro que hay que eliminar. Y así sucesivamente hasta que sólo quede "nuestro bando", el de los que están de acuerdo en las diez cuestiones.

Antes, una familia se reunía alrededor de un televisor con sólo unos cuantos canales e iba al colegio o al trabajo hablando de las noticias o los programas populares que habían visto la noche anterior. Pero ahora todo el mundo obtiene la información de distintas fuentes. El algoritmo de YouTube te muestra lo que quieres ver, y cuanto más extremo y unilateral sea el contenido, más *engagement* consigue. Naturalmente, hemos perdido el sentido del consenso social, y nuestro panorama político está más fragmentado que nunca.

Es por eso que, hoy en día, encontrarse con alguien que tiene opiniones políticas diferentes a las nuestras se siente como si tratáramos con un demente. Los demás parecen ignorantes y groseros, o enemigos por combatir en una batalla del bien contra el mal. Corea, por ejemplo, ya está dividida en Norte y Sur; ¿cuánta más fractura podemos soportar?

Por no mencionar que no vivimos exactamente en el universo extendido de Star Wars, donde la división entre el bien y el mal es un poco más obvia. En nuestra galaxia, el mal a veces se disfraza de bien, y las buenas intenciones no siempre garantizan buenos resultados. En la mayoría de las organizaciones e individuos, el bien y el mal coexisten. El mundo es demasiado complejo para decantarse siempre por uno u otro bando.

Pero no puedes verlo si estás preocupado por tomar partido todo el tiempo. Cada pequeña falla del otro bando parece maliciosa, mientras que una falla del propio bando se considera como un mero error o descuido. Todo eso no sería más que una distracción al momento de abordar los problemas más importantes.

A menudo se piensa que no hay nada más despreciable que la neutralidad, pero ¿qué podemos hacer? Uno de nuestros mayores obstáculos actuales es la toma de partido. Tenemos que superarlo para encontrar un terreno común. Sólo entonces podremos expresar lo que pensamos sin acabar odiándonos los unos a los otros. Necesitamos más persuasión que insultos.

^^^^^^^^^^^^^^^^^^^^^^^^^^^^

SÓLO CON UNA MENTALIDAD NEUTRAL PODREMOS SUPERAR ESTE GIGANTESCO OBSTÁCULO DE CONFLICTO QUE TENEMOS ANTE NOSOTROS Y AVANZAR HACIA UN FUTURO MEJOR.

^^^^^^^^^^^^^^^^^^^^^^^^^^

Intenta mirar las cosas desde el otro lado.

☑ CREA PRUEBAS PARA LA ESPERANZA

Hoy en día es difícil hablar de esperanza con seriedad. La falsa esperanza puede ser tóxica. Los coreanos tienen algo llamado "tortura de la esperanza", que consiste en torturar a la gente para que espere algo que nunca llega.

El siguiente es un ejemplo algo problemático, aunque útil. Durante la guerra de Vietnam hubo numerosos prisioneros de guerra estadounidenses. Muchos de ellos murieron porque no podían soportar el encarcelamiento, y según el almirante James Stockdale, antiguo prisionero de guerra y candidato a la vicepresidencia de Estados Unidos, los prisioneros de guerra que murieron antes fueron los optimistas. Creían que serían liberados antes de la Navidad; y cuando pasara la Navidad, en Pascua; y cuando pasara Pascua, el día de Acción de Gracias. Para la siguiente Navidad, estaban muertos. ¿Fue la esperanza lo que los mató? No del todo, porque a lo que se aferraban no era a la esperanza, sino al optimismo infundado, que es más bien una forma de escapismo. ¿Sería mejor ser pesimista y no esperar nada? Ésa tampoco es la respuesta. Porque los siguientes prisioneros en morir fueron los pesimistas. Entonces, ¿cuál es la respuesta? Cuando era prisionero de guerra, Stockdale se enfrentó a la realidad e hizo lo que pudo. Se hirió a sí mismo golpeándose la cabeza contra una silla a fin de que el enemigo no pudiera filmarlo para divulgar sobre lo bien que trataban a los prisioneros de guerra. Recuperó el control como pudo, creando un sistema interno de comunicación para disminuir la sensación de aislamiento entre los prisioneros. Acabó soportando siete años como prisionero de guerra gracias al poder de su propia mente.

Antes, Corea estaba llena de optimistas. Pronosticaban el auge de la economía y, tras leer libros de finanzas personales, se convencían de que pronto se volverían ricos. Pero la realidad no era tan proclive al cambio. El proverbio de la infancia de que el esfuerzo siempre da frutos se transformó en el proverbio de que el esfuerzo sólo a veces da frutos, y con frecuencia nuestro optimismo volvía a nosotros en forma de decepción. Así, la esperanza ocupó su lugar en nuestra sociedad actual como herramienta de tortura.

Es cierto: la esperanza divorciada de la realidad no es más que opio. Pero ¿podemos vivir sin esperanza? Debemos aferrarnos a ella, pero con los pies firmemente plantados en la realidad.

Del mismo modo que no se puede esperar perder peso ingiriendo cinco comidas abundantes al día, hay que encontrar la manera de tener esperanza si lo que se quiere es esperanza. Una vez que lo hayas pensado bien, prepárate para recibir algunas decepciones por el camino.

^^^^^^^^^^^^^^^^^^^^^^^^^^^

LO QUE NECESITAS HACER NO ES ESPERAR O DESESPERARTE,

SINO CREAR UNA BASE PARA LA ESPERANZA.

^^^^^^^^^^^^^^^^^^^^^^^^^^^

Espera lo mejor y prepárate para lo peor.
Donde hay voluntad, hay un camino.
El cielo ayuda a los que se ayudan a sí mismos.
Para atrapar a un león, hay que entrar
en la boca del lobo.

La esperanza siempre es condicional.

☑ SÉ GENEROSO

Suelo ayudar a muchos desconocidos. Les indico a las personas mayores la línea del metro que deben tomar, incluso les escribo las instrucciones para llegar después de buscarlas en mi teléfono. Si veo que siguen a una mujer, le digo a ella que tome otra ruta.

La razón por la que me mostraba tan dispuesta a ayudar fue mi experiencia como mochilera. Pude terminar mi viaje, a pesar de que mi teléfono se estropeó, de la barrera del idioma y de mi desconocimiento del entorno, todo gracias a la amabilidad de unos desconocidos. En Corea no me enfrento a estos retos. Sé cómo funcionan las cosas, estoy sana y hablo coreano.

No era consciente de cómo personas sin mis privilegios podían necesitar mi ayuda hasta que me vi en una situación en la que yo la requería.

Mi madre me dijo que podría llegar a arrepentirme de ayudar a desconocidos porque podrían hacerme daño. A ella le digo: cuando seas mayor, alguien como yo te va a ayudar.

Si los demás te ignoran repetidamente cuando necesitas ayuda, cerrarás tu corazón y dejarás de pedir apoyo. No quiero vivir en un mundo en el que nadie ayude a nadie y todos estemos abandonados a nuestra suerte.

Lo que necesito en la vida es cariño y preocupación, no desconfianza. Sigo creyendo que, en general, la gente es buena.

^^^^^^^^^^^^^^^^^^^^^^^^^^^^

QUIERO SER LA PRUEBA DE QUE EL MUNDO

AÚN APRECIA LA GENEROSIDAD,

Y QUIERO AFERRARME A LA CREENCIA

DE QUE, EN MI HORA DE NECESIDAD,

ALGUIEN ME TENDERÁ LA MANO.

^^^^^^^^^^^^^^^^^^^^^^^^^^^^

Por favor, retribuye la generosidad
que has recibido.

☑ NO PARTICIPES EN
LOS JUEGOS DEL HAMBRE

El reciente escándalo de infidelidad de un actor de Hollywood provocó la incredulidad de muchas fans que se apresuraron a defenderlo. No daban crédito a la historia, no porque pensaran que era un modelo de virtudes, sino porque seguramente nunca se rebajaría a mantener relaciones sexuales con una niñera.

Tal vez nos enfurezcamos contra la discriminación y exijamos igualdad, pero con demasiada frecuencia eso sólo significa que no queremos que nos menosprecien, no que no debamos menospreciar a los demás. ¿Hasta qué punto somos discriminatorios? Una vez cometí el error de ver la sección de comentarios de un artículo de prensa. Una persona proponía que el gobierno podría reducir el desempleo juvenil cerrando las universidades de provincia que dan acceso a la educación superior a las poblaciones rurales. Es bastante impactante que alguien diga algo tan clasista públicamente, pero aún más impactante es que este comentario haya sido votado hasta alcanzar la cima.

Me hizo pensar en la película *Los juegos del hambre*, la historia distópica en la que 24 "tributos" luchan entre sí hasta la muerte. El gobierno del país ficticio ideó este juego para inspirar miedo, y llegó a retransmitirlo en directo a todo el país. El juego justifica el asesinato de 23 niños recompensando a un ganador con riquezas y fama. Los jugadores forman alianzas rápidamente y eliminan primero a los más débiles. Esta estrategia permite a los más fuertes mantenerse a salvo, por el momento. Pero al final sólo sobrevivirá uno, y así como los débiles son eliminados, también lo son los fuertes. La historia es una alegoría del neoliberalismo de "todos contra todos".

Como en la película, las personas más fuertes de nuestra sociedad pueden sentirse a salvo brevemente, mientras los más débiles son empujados hacia un precipicio. Pero a menos que dejemos de empujar a la gente a los precipicios, nadie estará a salvo.

Hay quien dice que el cambio político es el único camino hacia un mundo mejor. Sin duda necesitamos más transparencia y equidad en la política. Pero para lograrlo, primero debemos unirnos en solidaridad y reflexionar con más profundidad sobre cuestiones sistémicas.

Garantizamos nuestra seguridad no intentando eliminarnos unos a otros, sino protegiéndonos mutuamente. Basta ya de tanta discriminación y competencia.

∧∧∧∧∧∧∧∧∧∧∧∧∧∧∧∧∧∧∧∧∧∧∧

A MENOS QUE DEJES DE JUGAR EL CRUEL JUEGO DE LA COMPETENCIA, EL PRÓXIMO QUE PERDERÁ SERÁS TÚ.

∧∧∧∧∧∧∧∧∧∧∧∧∧∧∧∧∧∧∧∧∧∧∧

Por favor, basta.
O todos morirán.

☑ NO TE CONVIERTAS EN UNA PERSONA DÉBIL

Una vez hice un viaje de dos días con un amigo a otra región de Corea. Pasábamos por una colonia en la que yo nunca había estado, miré los departamentos y pensé: *Deben ser costosos.* ¿Cómo podía saberlo? Era muy sencillo. Los edificios eran nuevos y estaban cerca del centro de la ciudad, y una famosa compañía inmobiliaria construyó el complejo de departamentos. Unas cuantas pistas como ésas me bastaron para adivinar el precio de los departamentos.

Hace un tiempo me topé con un post viral titulado "Indicativo de clases para la República de Corea". Dividía el sistema de clases coreano en función de los ingresos, el patrimonio, la marca del coche, la universidad, las aficiones y otros detalles muy precisos. Ya estamos acostumbrados a los memes de "cuchara de plata" y "cuchara sucia" que aluden a las diferencias de clase, pero esta publicación era mucho más precisa que eso. Me entristeció un poco. Desde que Adán y Eva fueron expulsados del Edén, en la sociedad siempre ha habido ricos y pobres. Nunca hemos estado libres de rangos o clases.

Sin embargo, el problema de la Corea actual es que los problemas de nuestra sociedad ya son demasiado evidentes. Se ha convertido en una cuestión de resolución. Al igual que el aumento de la cantidad de píxeles en una imagen la hace más nítida, nuestras diferencias socioeconómicas también son cada vez más difíciles de ignorar a medida que estamos más informados.

Es muy fácil saber qué tan rico es alguien y en qué situación económica nos encontramos, lo que nos deja con sentimientos de inferioridad o con el deseo infinito de ascender de clase. Pero los bienes, los coches y las apariencias son sólo cosas externas. Nuestra esencia como personas depende de nuestro interior, no de nuestro aspecto. Y con todo este juicio sobre el as pecto exterior de las personas, nuestro interior sufre y se debilita. El psiquiatra Jung Hye-shin advierte que cuanto más débiles nos volvemos como personas, más propensos somos a poner en peligro nuestra salud mental.

Cuanto más intentamos superarnos unos a otros en la guerra de las apariencias, y cuanto más tratamos de estar a la altura del escrutinio y las expectativas de los demás, más perdemos nuestra propia luz y nos enfermamos por dentro. Por supuesto, nunca podremos ignorar por completo que nuestras diferencias son cada vez más evidentes, pero tenemos que esforzarnos por centrarnos en nosotros mismos como personas. Tenemos que intimar con esa parte única de nosotros mismos que no tiene nada que ver con la clase económica o el estatus social.

∧∧∧∧∧∧∧∧∧∧∧∧∧∧∧∧∧∧∧∧∧∧∧∧

COMO HAN DICHO LOS GRANDES FILÓSOFOS,

NUESTRO PROPÓSITO ÚLTIMO SE ENCUENTRA EN CAMBIAR

NUESTRO ENFOQUE DE LAS DISTRACCIONES QUE NOS

RODEAN HACIA NUESTRO VERDADERO YO INTERIOR.

∧∧∧∧∧∧∧∧∧∧∧∧∧∧∧∧∧∧∧∧∧∧∧

Eso... no es lo que te está pidiendo.

☑ PREGÚNTATE QUÉ SIGNIFICA SER HUMANO

Una vez leí un artículo sobre una empleada de un complejo de departamentos que retuvo contra su voluntad a un grupo de niños que entraron en el patio de juegos del complejo. Alegó que jugar en el patio de otro era una forma de robo, insultó a los niños, llamó a la policía y se negó a pedirles disculpas a los padres de los niños, diciendo que sus acciones estaban justificadas.

Se podría estar en desacuerdo con la idea de que un parque de juegos sólo pertenece a las personas que viven a su alrededor y que cualquier niño de fuera que vaya a jugar en él está invadiéndolo. Pero llamar a la policía por unos niños que sólo estaban jugando es otra historia. ¿Por qué esta persona no se detuvo a pensar en cómo eso podría herir o incluso traumatizar a los niños? La cuestión no radica en qué es legal. Tenemos que hacernos una pregunta más fundamental: ¿qué significa ser humano?

Cualquier discurso grandilocuente sobre la humanidad suele ser considerado ingenuo o incluso hipócrita. Pero ¿podemos realmente dejar esta pregunta sin responder? ¿Podemos ser verdaderamente felices sin conocer la respuesta, o al menos sin buscarla?

Soy una persona con muchos defectos. Estoy lejos de ser alguien que toma siempre la decisión correcta, y hay días en los que me avergüenzo de mi comportamiento.

^^^^^^^^^^^^^^^^^^^^^^^^^^^^^

A PESAR DE MIS DEFECTOS, SEGUIRÉ PREGUNTÁNDOME QUÉ SIGNIFICA SER HUMANO Y NUNCA OLVIDARÉ EL VALOR DE MEJORAR, Y SIEMPRE INTENTARÉ ENCONTRAR LA MANERA DE TRABAJAR CON LOS DEMÁS.

^^^^^^^^^^^^^^^^^^^^^^^^^^^

Porque eso es lo que significa ser humano para mí.

Puedes saber qué tipo de persona es alguien no por lo que tiene, sino por aquello de lo que se avergüenza, o no.

☑ CONVIÉRTETE EN UN ALMA PERDIDA

En la película *La sociedad de los poetas muertos*, un personaje llamado Neil crece bajo una inmensa presión para convertirse en médico, pero resulta que lo eligen para protagonizar la obra *Sueño de una noche de verano* en su preparatoria. A pesar de que Neil se divierte como nunca dando rienda suelta a su talento e intereses, su padre le ordena que abandone la obra y se concentre en sus estudios o lo sacará de la escuela. Neil se opone con rabia, pero cuando ve la cara triste y desesperada de su madre, accede. El rostro de Neil se desploma, con la impotencia y la desesperación reflejadas claramente en sus ojos. La noche siguiente, se quita la vida con la pistola de su padre. Cuando la vida en la que has nacido es insoportable y la vida que quieres está fuera de tu alcance, la desesperación es lo único que te queda.

El psiquiatra Kim Hyun Chul habla de Hungría, Japón y Corea como países donde "no está permitido divagar". Hay otra cosa que estos tres países tienen en común: una alta tasa de suicidios.

Creemos que la experimentación arruina la vida; es un tabú. Incluso llamamos "perdidos" a los jóvenes descarriados. Ir a la universidad, encontrar trabajo, casarse, tener hijos, comprar una casa... todo eso hay que conseguirlo a tiempo, sin un momento para divagar o perderse. De lo contrario, uno se enfrenta a toda una vida de críticas y aislamiento social, empezando por tus decepcionados padres.

Gracias a ello, Corea tiene ahora la tasa de suicidios más alta y la de natalidad más baja del mundo desarrollado. Lo que tienen en común estas dos estadísticas es que muestran cómo hemos renunciado a los dos principales imperativos de la vida —sobrevivir y reproducirnos— y lo invivible que creemos que es Corea. Nuestra sociedad nos juzga en función de si superamos a tiempo las etapas prescritas, e incluso el más mínimo retraso en este calendario arbitrario puede provocar una angustia mortal. Hemos vivido tiempos mucho más duros como país, y hay diversos países en situaciones mucho peores que la nuestra, lo que puede hacer parecer como si nos estuviéramos quejando de nada. Lo que realmente tememos no es caer en la pobreza, sino quedar aislados y no ser respetados socialmente. No son los indicadores económicos de bienestar, sino las hipocresías de nuestra sociedad las que nos ponen los nervios de punta y nos desesperan.

Muchos consideran que los países del norte de Europa son los más felices. Pero según el autor Leo Bormans, la felicidad del norte de Europa no se debe necesariamente a ingresos elevados o a mejores sistemas de bienestar, sino a las libertades sociales, la confianza y una cultura que respeta los distintos talentos e intereses.

Nuestro país es exactamente lo contrario: sin libertades, con el mismo estilo de vida impuesto para todos y sin confianza. Qué liberador sería que nos respetaran por la vida que llevamos y por lo que decidimos ser.

La libertad de divagar y explorar, y de ser generoso con quienes divagan y exploran es tan crucial para la felicidad como un sólido sistema de bienestar. No se trata de una teoría académica, sino de una clave de la felicidad, quizá la más importante.

⌃⌃⌃⌃⌃⌃⌃⌃⌃⌃⌃⌃⌃⌃⌃⌃⌃⌃⌃⌃⌃⌃⌃⌃⌃⌃

LA TOLERANCIA Y LA GENEROSIDAD DE UNOS CON OTROS

ES LO QUE NOS SACARÁ DE LA INFELICIDAD.

⌃⌃⌃⌃⌃⌃⌃⌃⌃⌃⌃⌃⌃⌃⌃⌃⌃⌃⌃⌃⌃⌃⌃⌃

Dejemos de ser infelices juntos.

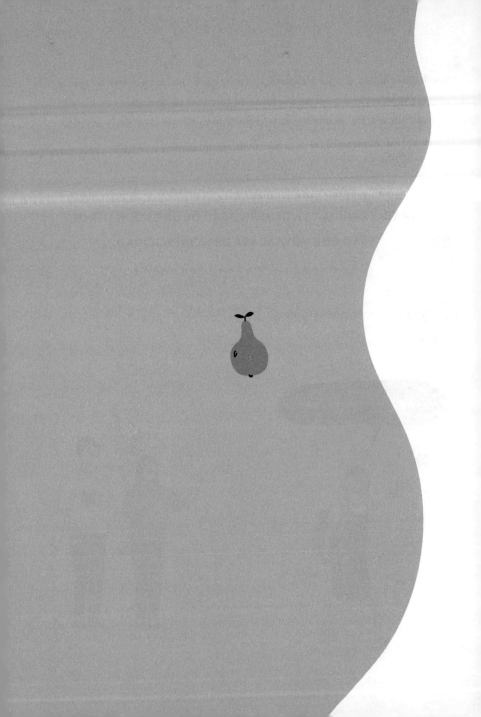

SEXTA PARTE

Checklist para una vida buena y con sentido

La felicidad proviene de la capacidad de sentir profundamente,

de disfrutar simplemente, de pensar libremente,

de arriesgar la vida, de ser necesitado.

—Storm Jameson

☑ NO HAGAS DE LA FELICIDAD EL PROPÓSITO DE TU VIDA

Cuando estaba en la preparatoria, tuvimos que hacer una presentación titulada "¿Cuál es el propósito de la vida?". No recuerdo mi respuesta a esta pregunta, pero sí recuerdo que muchos de mis compañeros hablaron sobre la felicidad. Incluso de adultos, creo que la mayoría de la gente nombraría la felicidad como su propósito último en la vida.

Pero los humanos no somos criaturas románticas que hayan nacido para ser felices. Si nos pusieron en la Tierra para ser felices, ¿por qué sólo una de nuestras emociones primordiales (alegría, ira, odio, tristeza y sorpresa) es positiva? Y no necesitamos indagar en las enseñanzas de Buda o de Arthur Schopenhauer para demostrar que la vida no es precisamente un campo de flores felices.

Sobre todo, cuando las personas que promueven tal propósito y pretenden que una vida perfectamente feliz es posible, hacen que las personas infelices piensen que han fracasado en la vida. Es esta actitud la que anima a las personas infelices a fingir que son felices y a reprimir su tristeza de formas poco saludables.

Pero la tristeza es natural. Si se eliminan los baños del Palacio de Versalles sólo porque no son bonitos, no te sorprendas si la gente defeca en público e incluso, bueno, pisa el excremento de vez en cuando.

Es mejor estar triste a veces. Igual que demasiados días despejados pueden provocar sequía, necesitamos las lluvias de la tristeza para nuestro crecimiento personal. Debemos intentar ser felices, por supuesto, y deseo sinceramente tu felicidad. Pero el objetivo de la vida siempre será la vida misma, no la felicidad.

✦

Alguien que es feliz seis o siete veces de cada diez puede considerarse una persona feliz. Pero ¿alguien que intenta ser feliz diez veces de cada diez? Simplemente está obsesionado.

Si de verdad fuéramos tan felices como aparentamos, la Tierra sería el Edén.

#pruebadefelicidad   #tanincreiblementefeliz   #evidenciadeserfeliz

☑ VIVE LIGERO

L a primera vez que viajé sola fue en un viaje de mochilera durante un mes, y estaba tan ansiosa que empaqué demasiado. Hasta tres libros y dos tipos de rizadores. A la tercera semana, el cansancio de arrastrar mi enorme bolso me hizo odiar todo lo relacionado con viajar. Sentada en el aeropuerto esperando mi próximo vuelo, volví a empacar con sólo lo esencial y tiré todo lo demás a la basura. A pesar de que me preocupaba porque necesitaría esas cosas más adelante, mi carga se hizo más ligera, tanto en sentido literal como figurado.

Una amiga que conocí en ese viaje llevaba viajando un año y medio y sólo tenía una *backpack*. Sólo llevaba las cosas importantes, y lo que necesitaba lo compraba allí mismo. Si su ropa se gastaba, compraba algo nuevo y tiraba la ropa vieja. Según ella, esto forma parte de la diversión de viajar. Tal vez empaquemos mucho porque estamos ansiosos por tener todo lo que necesitamos, pero al final no necesitamos tanto. Quizá tengamos que comprar algunas cosas necesarias aquí y allá, pero este pequeño inconveniente es a menudo preferible a tener que arrastrar una pesada carga.

La vida es como un largo viaje. Tienes que viajar ligero para no agotarte. Si quieres sentirte más ligero, vuelve a revisar lo que llevas encima y encuentra el valor para deshacerte de algunas cosas. Puede tratarse de cualquier cosa: desde objetos que nunca usaste en tu viaje hasta preocupaciones por cosas que ni siquiera han sucedido, pasando por deseos que hacen la vida innecesariamente pesada, vergüenza cuando no has hecho nada malo o relaciones tensas que sólo te agotan.

• • • • ••••••••••••••••••• ▪▪▪▪▪▲▲▲▲▲▲▲▲

DESHAZTE DE TODO. HACERLO TE HARÁ LIBRE.

▲▲▲▲▲▲▲▲▲▲▲▲▲▲▲▲▲▲▲▲▲▲▲▲▲

✦

Si quieres vivir libremente, desecha aquello sin lo que puedas vivir.

—León Tolstói

*Por favor, desecha lo que no necesites
en el contenedor correspondiente.*

☑ AÑADE VARIEDAD A TU VIDA

En la película *Oldboy*, Lee Woo-jin encierra a Oh Dae-su en una celda y lo obliga a comer sólo dumplings fritos durante quince años. ¿Por qué hizo eso Woo-jin? Podría haber puesto a Dae-su a trabajar o haberle dado de vez en cuando dumplings al vapor en vez de fritos. Pero un amigo me dijo que imaginara a un hámster corriendo en su rueda, viviendo de la misma manera en el mismo lugar durante toda su vida. ¿Experimentaría el tiempo así un hámster? Una vida en la que todos los días son iguales parecería pasar en un solo instante. Al encerrar a Dae-su en el mismo régimen diario, Woo-jin le robó quince años de su vida.

En un ensayo titulado "Long-Lifer", el poeta y ensayista Pi Chundeuk escribió: "Una persona que ha vivido día a día como una máquina puede tener 80 años y aun así haber tenido una vida muy corta". Vivir todos los días de la misma manera es ignorar las infinitas posibilidades de la vida y perderse a uno mismo. Así que ve a mirar el mar los fines de semana, toma una ruta diferente para regresar a casa después del trabajo, conoce gente o haz algo que nunca antes hayas probado. Libérate de tus rutinas e intenta sorprenderte a ti mismo.

LA MEJOR MANERA DE VIVIR UNA LARGA VIDA
NO ES VIVIR MÁS DE 80 AÑOS, SINO BUSCAR TANTAS
EXPERIENCIAS NUEVAS COMO SEA POSIBLE.

Cambia el algoritmo de tu vida.

☑ INTENTA NO CONVERTIRTE EN UNA CÁSCARA SECA

Una vez fui a un zoológico de Australia cuando visitaba a un amigo. Mientras me maravillaba ante la inmensidad y belleza natural del recinto, pasó una manada de lo que parecían modelos de Abercrombie & Fitch. En Corea, los zoológicos son más para familias con niños, pero en Australia, los zoológicos son un lugar más para que los jóvenes pasen el rato. Una australiana con la que entablé amistad en aquel viaje me contó que su afición era observar aves. Literalmente, mirar pájaros. Me doy cuenta de que la observación de aves es popular en muchos lugares, pero en Corea es algo inaudito.

Una amiga coreana me contó de un adolescente australiano que conocía y que hablaba de lo mucho que esperaba la Navidad, de la cantidad de comida que preparaba su abuela y de cómo toda la familia se reunía y la pasaba de maravilla.

No debería generalizar, pero parece que a muchos australianos les gusta estar en la naturaleza y pasar tiempo con sus familias. Mientras que los coreanos pasamos las vacaciones con nuestra familia en gran parte por obligación, y la Navidad es sólo un día para intentar no sentirnos tristes y solos en casa.

Nuestro país era uno de los más pobres del mundo al final de la Guerra de Corea, y como pueblo hemos tomado la decisión colectiva de no ver atrás y seguir avanzando. Como resultado, hemos logrado un increíble crecimiento económico en un tiempo récord. El título coreano del libro *Korea: The Impossible Country*, de Daniel Tudor, se traduce literalmente al inglés como *Country of Miracles, Country of Lost Joy*. Parece que hemos perdido el contacto con las alegrías y los placeres cotidianos en aras de nuestro milagro económico. Nos hemos convertido en cáscaras secas en medio de una competencia deshumanizada, en la que nuestras emociones se han convertido en un trabajo que hay que soportar. Como estamos tan insensibilizados, buscamos estímulos mayores y más inmediatos, y nos hemos condicionado a aceptar la bebida y el consumismo como el fin último del placer. Pero después de haber disfrutado de estos caprichos fáciles y costosos, nuestras vidas nos parecen aún más tediosas y nos sentimos aún más despojados.

Si quieres volver a conectar con los placeres de la vida, prueba sintonizar con las pequeñas alegrías de tu jardín y apreciar los ritmos naturales de la vida. Tenemos que aprender, lo antes posible, a encontrar placer en actividades sencillas que no cuesten mucho. Esto no significa ser un tacaño o vivir miserablemente, sino encontrar la felicidad de una manera más fácil y en cualquier momento.

Encuentra la alegría en tu vida cotidiana.

∧∧∧∧∧∧∧∧∧∧∧∧∧∧∧∧∧∧∧∧∧∧∧

AHORA ES EL MOMENTO DE UTILIZAR TU CREATIVIDAD

E IMAGINACIÓN PARA MEJORAR TU BIENESTAR.

∧∧∧∧∧∧∧∧∧∧∧∧∧∧∧∧∧∧∧∧∧∧∧

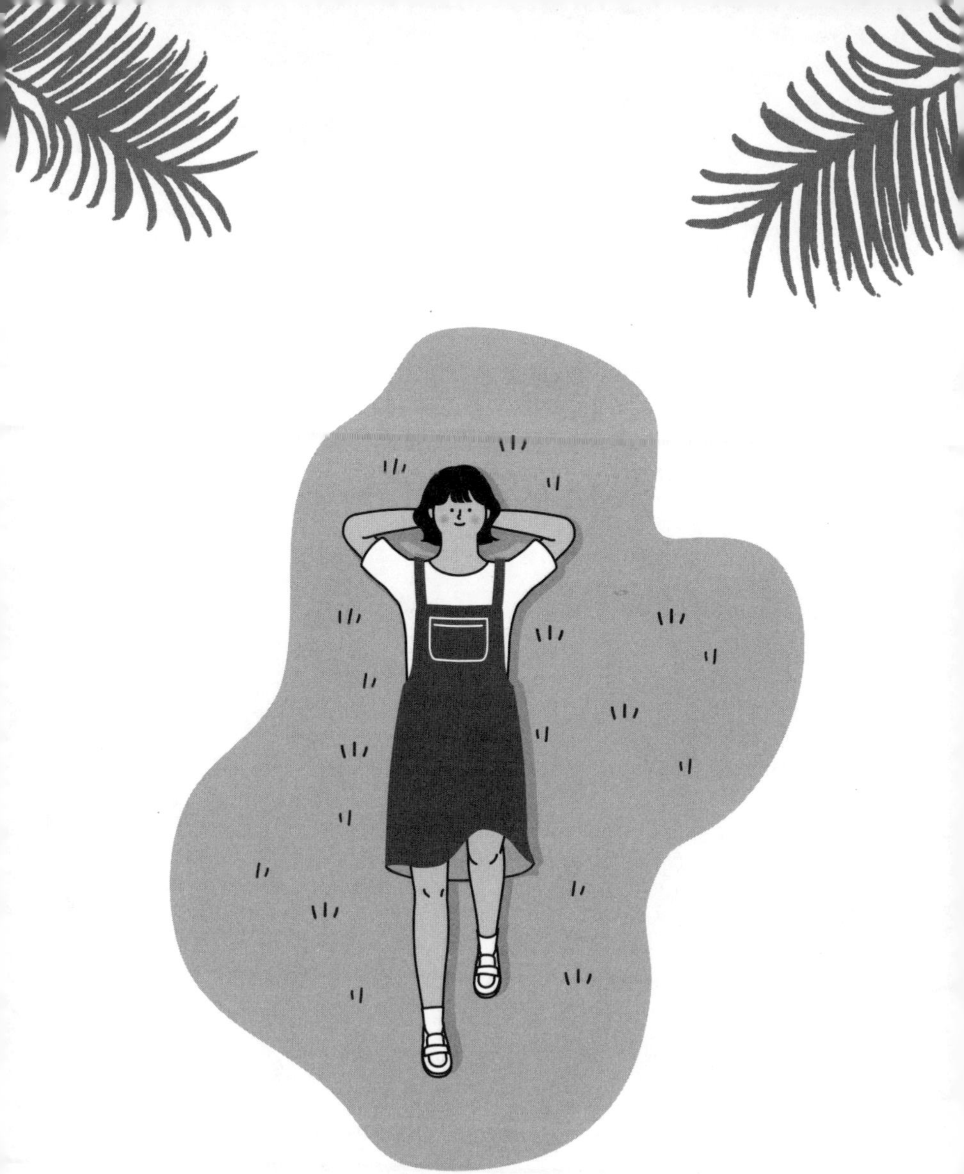

☑ LO ÚNICO QUE PUEDES CONTROLAR ES TU PROPIA FELICIDAD

M i hermana menor nació unos cuantos años después que yo. Fue una especie de proyecto final para mis padres. Mi madre siempre dice que sólo será feliz cuando mi hermana se haya asentado en la vida. Estoy segura de que todos los padres piensan así, pero a mí me sigue pareciendo triste. Quiero que mi madre sea feliz por sí misma, que su felicidad esté bajo su control, sin importar la felicidad de mi hermana. En lugar de eso, es como si hubiera colocado su felicidad en la puerta de su casa y tuviera que esperar a que alguien tocara el timbre para poder abrir la puerta y reclamarla.

¿Y cómo se siente mi hermana al respecto? Su infelicidad se convierte en la infelicidad de nuestros padres. Ya es bastante difícil encontrar su propia alegría, pero cuando no lo logra, se siente culpable de que su fracaso impida que nuestros padres sean felices. Cuando nos preocupamos constantemente por la felicidad de los demás, nadie es feliz.

¿Cómo romper este ciclo? Aunque el problema surja de nuestra preocupación por los demás, en última instancia tenemos que aceptar el hecho de que cada individuo debe encargarse de su propia alegría.

Con frecuencia hablamos de hacer felices a los que queremos, pero a menos que seas una especie de guardián del terreno emocional, nunca podrás asegurarte de que nadie sea siempre feliz, y nadie puede asegurarse de que tú seas siempre feliz. La felicidad de los demás está fuera de nuestro control, y cada uno es responsable de su propia felicidad. Así que no descuides la tuya.

∧∧∧∧∧∧∧∧∧∧∧∧∧∧∧∧∧∧∧∧∧∧∧∧∧∧∧

POR MUCHO QUE NOS AMEMOS Y CUIDEMOS UNOS DE LOS OTROS, EN ÚLTIMA INSTANCIA SOMOS RESPONSABLES DE NUESTRA PROPIA FELICIDAD. POR FAVOR, SÉ FELIZ POR TI MISMO.

∧∧∧∧∧∧∧∧∧∧∧∧∧∧∧∧∧∧∧∧∧∧∧∧∧∧∧

Trabajé duro, superé dificultades y viví según mi conciencia. Tengo derecho a la felicidad. Todos lo tenemos.

☑ PIENSA EN LO QUE HAS GANADO

A veces me encuentro con personas que no están contentas con su trabajo. Su jefe es un desastre, o están mal pagados, o no hay futuro en esa empresa... su letanía de excusas es interminable.

Parecen soñar con un paraíso, pero, por desgracia, no existe el trabajo perfecto: aquél en el que te necesitan, te diviertes, tienes un jefe razonable, te pagan bien y ves un camino hacia el futuro.

La mayoría de nuestras elecciones se basan en una selección limitada. No podemos comprar lo que nos gustaría tener en la vida como lo haríamos en una gran tienda. Más importante que la respuesta a la pregunta "¿Qué gano con esto?" es la respuesta a la pregunta "¿A qué estoy dispuesto a renunciar?".

Porque a menudo tienes que determinar cuál es el menor de los dos males: un sueldo más bajo o un jefe estricto, un hueco en tu currículum o menos tiempo con tu hijo, no hacer el trabajo que quieres realizar o no tener un sueldo fijo.

Y pensar en el otro extremo, sólo en lo que perderás, te sumirá en el arrepentimiento. Porque si no estás dispuesto a renunciar a nada, tampoco ganarás nada.

Me provoca ansiedad, pero, como
yo lo elegí, no me arrepiento.

☑ DESPÍDETE DEL PASADO

Mi profesora de segundo grado tenía alumnos favoritos, a los que siempre llamaba en clase y adoraba. Me hacía sentir como un extra en una película ajena. Qué obvio debía ser su favoritismo si yo lo notaba incluso de niña.

Más tarde supe que esa profesora tenía fama de aceptar sobornos. Una vez citó a mi madre para una reunión y, cuando mi madre se presentó con las manos vacías, la profesora la regañó. Supongo que había una razón para su parcialidad. Pero entonces no sabía que los adultos podían ser así de malvados. Sólo pensé: *Supongo que no le caigo bien*, y esa tristeza me acompañó durante mucho tiempo.

Hay mucha gente basura en este mundo. Nos hirieron de niños y a veces las heridas no cicatrizan ni siquiera cuando somos adultos. Es comprensible señalar a estas personas basura de nuestro pasado cuando buscamos los orígenes de nuestros problemas actuales. No tenemos confianza en nosotros mismos por culpa de nuestro profesor de segundo de primaria o carecemos de autoestima por cómo nos educaron nuestros padres o sufrimos sentimientos de inferioridad porque nos hicieron *bullying*.

Bien. Pero la razón por la que miramos al pasado para diagnosticar el presente no es porque queramos recibir una compensación tardía por nuestras experiencias traumáticas o porque seamos reinas del drama que quieren llamar la atención; es porque queremos cortar la cadena de causalidad y seguir adelante.

Hay mucha gente patética, torpe e inmadura, y es inevitable conocerla. La verdad que descubrí en mi pasado es que mi profesora no era más que un ser humano patético, y mis padres no eran más que torpes e inexpertos, y mis acosadores no eran más que inmaduros. Yo era demasiado joven para ver estas verdades tal y como eran.

Pero ya no somos niños y nos hemos ganado el derecho a seguir adelante.

∧∧∧∧∧∧∧∧∧∧∧∧∧∧∧∧∧∧∧∧∧∧∧

SI NO QUIERES VIVIR EN EL PASADO, CONSUELA A LA PERSONA FRÁGIL QUE FUISTE Y DESPÍDETE DE QUIENES FUERON INMADUROS O QUE NUNCA MADURARÁN.

∧∧∧∧∧∧∧∧∧∧∧∧∧∧∧∧∧∧∧∧∧∧

Abraza al tú que vivió tu pasado.

Todo está bien ahora.

Todo está bien ahora.

☑ DEJA UN MARGEN DE ERROR

Los diseñadores gráficos trabajan con un formato de impresión ligeramente superior al real para dejar margen a posibles errores de recorte. Años de experiencia nos han enseñado a tener en cuenta las tolerancias.

La vida también debería ser así. Nuestra vida nunca puede ser tan ordenada como queremos. A veces nos esforzamos enormemente en cosas que resultan carecer de importancia, y hay momentos de despilfarro, por muy cuidadosos que seamos. La vida nunca encaja exactamente en su sitio ni es siempre eficiente. En lugar de regañarte o arrepentirte de tus actos, es mejor dejar un margen de error, como presupuestar una "tarifa de despiste" para los errores.

Las cosas que hacemos no siempre son las más inteligentes, y a veces ser despistado forma parte del viaje. La vida no puede ser siempre súper eficiente. Es nuestro primer intento, necesitamos un poco de ensayo y error.

∧∧∧∧∧∧∧∧∧∧∧∧∧∧∧∧∧∧∧∧∧∧∧∧

NUESTRA ACEPTACIÓN DE LAS INEFICIENCIAS

Y LOS ERRORES NOS HARÁ MÁS GENEROSOS Y MÁS LIBRES.

∧∧∧∧∧∧∧∧∧∧∧∧∧∧∧∧∧∧∧∧∧∧∧∧

Compensa el tiempo perdido
viviendo más.

☑ ACÉPTATE A TI MISMO

U na vez conocí a una mujer que era orientadora profesional para personas mayores. Algunas de las personas a las que ayudaba eran genios, pero sus vidas no eran tan fáciles como podríamos pensar.

Muchos de ellos no sacaban buenas calificaciones en la escuela porque les resultaba difícil memorizar. Al propio Thomas Edison le costaba aceptar que $1 + 1 = 2$. Éste es el tipo de personas que a menudo no encuentran un trabajo en el que se aprecie su genialidad; los trabajos "normales" les resultan insoportables hasta el punto de tener que tomar antidepresivos para funcionar en el trabajo.

La gente les dice: "No todo el mundo logra hacer el trabajo que quiere" o "Todo el mundo sufre tanto como tú, no estás solo en eso". Esto sólo provoca más culpa y autorrecriminación. Les hace pensar: *A todos los demás les va bien, ¿por qué la vida es tan dura para mí?* De hecho, no todos experimentamos el mismo nivel de dificultad. Hay a quienes les resulta difícil el trato con los demás y hay a quienes les resulta desafiante correr. Todos somos diferentes.

Si algo te resulta especialmente difícil, no es porque lo estés haciendo mal, ni porque te quejes con facilidad, ni porque no estés a la altura, sino porque simplemente no te resulta fácil. Al igual que no es culpa de tu pie si el zapato que te has probado no te queda bien.

No te castigues si encuentras algo difícil. Lo que realmente lo hace difícil es la falta de consciencia de tus propias capacidades y aptitudes. Intentar comprenderte a ti mismo y buscar ayuda no te convierte en alguien débil o incompetente.

Significa que quieres poner fin al tortuoso juicio que ejerces sobre ti mismo y a la culpa innecesaria y aceptarte tal como eres.

Para ello, lo que necesitas es comprenderte y elegir un modo de vida que realmente te convenga.

^^^^^^^^^^^^^^^^^^^^^^^^^^^

AUNQUE ESO SIGNIFIQUE SER INCOMPRENDIDO

DE VEZ EN CUANDO, TE DEBES A TI MISMO

ENTENDER LO QUE TE HACE SER TÚ.

^^^^^^^^^^^^^^^^^^^^^^^^^^^

Hay un libro coreano titulado *Te apoyaré,*
sin importar vivas cómo vivas.
Pero el apoyo que más necesitas es
el que proviene de ti mismo.
Díselo a esa persona que siempre estará contigo
hasta el último momento de tu vida:

Me apoyaré a mí mismo sin importar cómo viva..

☑ INTERÉSATE POR TU PROPIA FELICIDAD

Una vez tuve un "cuaderno de la infelicidad" en el que anotaba mis sentimientos en momentos de desesperación y releía mis anotaciones cuando me sentía mejor. Esto me ayudó a darme cuenta de lo irracional y extremista que era mi forma de pensar cuando estaba deprimida.

Pero después de escribir en el cuaderno unas cuantas veces, lo único que lograba era sentirme infeliz todo el tiempo. Acabé cambiando el cuaderno por un "cuaderno de la felicidad", en el que anotaba cómo me sentía en los momentos de felicidad o cuando había superado la desesperación.

Estas anotaciones me resultaron más útiles, ya que me permitieron ver cómo los sentimientos de depresión con el tiempo desaparecían.

La gente dice que quiere ser feliz, pero pocos se esfuerzan por comprender qué los hace realmente felices. La felicidad no viene servida en bandeja de plata; a veces hay que descubrirla.

Hay muchas cosas que puedes aprender para mejorar tu vida, pero más importante que conocer tu tipología Myers-Briggs o cómo almacenar diferentes especias o elaborar la declaración de impuestos, es saber qué te hace feliz, qué te ayuda a recuperarte de la tristeza y qué te hace sentir vivo: el conocimiento de la felicidad en sí misma.

^^^^^^^^^^^^^^^^^^^^^^^^^^^^^

SI QUIERES SER FELIZ,
INTERÉSATE POR LO QUE TE HACE FELIZ.

^^^^^^^^^^^^^^^^^^^^^^^^^^^^^

✅ AMA LO QUE ES IMPERFECTO

 El Go Player profesional Lee Sedol **VS** *AlphaGo*

 Relojes analógicos **VS** *Relojes digitales*

 Cartas escritas a mano **VS** *Correo electrónico*

 Discos **VS** *mp3s*

∧∧∧∧∧∧∧∧∧∧∧∧∧∧∧∧∧∧∧∧∧∧∧∧∧∧∧

**TAL VEZ IDEALICEMOS LO PERFECTO,
PERO AMAMOS LO IMPERFECTO.**

∧∧∧∧∧∧∧∧∧∧∧∧∧∧∧∧∧∧∧∧∧∧∧∧∧∧∧

☑ PREGÚNTATE CÓMO QUIERES VIVIR

Durante mucho tiempo me pregunté si la vida estaba hecha para disfrutarla o para ser un vehículo de búsqueda de sentido. Era difícil encontrar una respuesta definitiva.

Para empezar, no entendía lo que significaba encontrar sentido a la vida. Todo parecía tan vago, una idea abstracta divorciada de la realidad. Renuncié a esta agotadora misión y decidí disfrutar de la vida, vivir cada momento con el mayor placer posible. Y durante un tiempo me fue bastante bien.

Me centré en lo que mucha gente considera las cosas más importantes de la vida, cosas que encajan a la perfección en las grandes categorías de trabajo, las relaciones, el placer y la salud física y mental. Me negué a sentir ansiedad por cosas que aún no habían sucedido y encontré algo que *quería* hacer, que *podía* hacer y lo *hice*. Querer + poder = hacer. Trabajé muy duro para resolver esa ecuación.

Fue divertido y satisfactorio ver cómo las cosas encajaban. Durante el trayecto conocí a personas en las que podía confiar y que estaban en la misma

sintonía que yo; me distancié de quienes no me importaban o me resulta-
ban desagradables; y juré no hacer caso a nadie que me menospreciara.

Dediqué tiempo a buscar el placer en mi vida. Miraba al cielo varias veces al
día para apreciar su belleza. Me enfrentaba a mis problemas y los resolvía.
Me esforcé por estar sana. Mi vida se volvía más clara y ligera cuanto más
me alejaba de las expectativas de los demás.

Pero, por extraño que parezca, no dejaba de preguntarme si estaba viviendo mi vida de la manera correcta. No me bastaba con ser lo más fiel
posible a mí misma. Volví al principio y me replanteé el propósito de mi
vida. Su *sentido*.

¿Qué es lo que da *sentido* a la vida? Después de pensarlo mucho, llegué a la
conclusión de que se trata de mirar hacia dentro para descubrir tu verdad y
bondad interiores, y mirar hacia fuera para hacer realidad esta verdad y bondad en el mundo. Como dijo Aristófanes: "Necesitamos a los demás para
completar lo que somos". Encontramos nuestro sentido y nuestros valores
en nuestra relación con la sociedad y con los demás.

Esto no significa, por supuesto, que debamos sacrificar toda nuestra vida al
servicio de los demás. Significa que debemos hacer lo posible por comprender nuestros valores fundamentales e intentar incorporarlos en el contexto de nuestra sociedad, creando así nuestro propio lugar en la sociedad.

En mi caso, quería que el mundo fuera un poco mejor de lo que era. Quería
un mundo en el que la pobreza no hiciera caer necesariamente en la desesperación a la gente. Quería que el mundo fuera un poco más amable. La

razón por la que ofrecía algo de beber a los repartidores cuando llegaban a mi puerta era que, por pequeño que fuera el gesto, quería un mundo en el que aún pudiéramos hablar de generosidad. Hice donaciones a causas a favor de los niños y me esforcé por no hacer daño a los demás, y quiero, con este libro, tener al menos un pequeño impacto en la vida de la gente en su beneficio.

La gente —yo incluida— seguirá preguntándose cómo vivir. Por ahora, mi respuesta es vivir una buena vida. No complicar las cosas más allá de eso. Trabajar duro y comunicarme bien con los seres queridos, comer bien, escuchar buena música, leer buenos libros y tomar el sol en un buen día. El calor de esos días es quizá todo lo que constituye una buena vida.

Y, si es posible, da un paso hacia una vida con sentido. Descubre los valores que son fundamentales para ti e intenta convertirte en una versión mejor de ti mismo. Quizá no seamos más que polvo en este vasto cosmos, pero aún podemos superar la falta de sentido y preservar nuestra dignidad.

^^^^^^^^^^^^^^^^^^^^^^^^^^^^

SIN IMPORTAR ESO QUE LA SOCIEDAD PUEDA LLAMAR ÉXITO, QUIERO SENTIRME ORGULLOSA DE MI VIDA.

^^^^^^^^^^^^^^^^^^^^^^^^^^^^

El verdadero autodescubrimiento no es tratar de convertirte en alguien especial, sino comprender que siempre has sido especial todo el tiempo.

☑ VIVE COMO UN ADULTO

Cuando era pequeña, mi madre parecía la persona más fuerte del mundo. Pero, en retrospectiva, no era más que una mujer de treinta y tantos años. El mundo debía de ser duro y aterrador para ella, pero debía actuar como una adulta por el bien de la gente que la rodeaba.

Ahora soy adulta y nadie me elogia por hacer todas las cosas por las que solían celebrarme cuando era niña, como comer bien y dormir bien. No puedo quejarme con mis padres de que no me dan dinero, o me pondrían una camisa de fuerza. No es agradable pensar que tengo que ser una adulta cuando todavía quiero que me protejan como a una niña, pero a esta edad no puedo ponerme unas mallas verdes y decir que soy Peter Pan.

Así que tienes que actuar como adulto, aunque sea lo más tedioso de la historia, aunque sólo sea para seguir poniendo comida en la mesa. Y si sigues actuando como adulto, como lograron hacerlo nuestros padres, tal vez lo consigas.

EPÍLOGO

Ya como adulta, me he dado cuenta de que el mundo es un lugar frío y cruel. Sus costumbres son completamente absurdas, y su gente es tan crítica que incluso los mediocres entre nosotros disfrutan menospreciando a los demás. Durante mucho tiempo sentí una angustia constante por la carencia de una red de seguridad sólida, y por eso ignoré mis verdaderos deseos en aras de ganarme la vida.

Pero al final me di cuenta de que no quería convertirme en otra sombra cínica que se arrastra por este mundo cruel.

Así que pensé en cómo debía vivir mi vida y me hice muchas preguntas. ¿De qué tenía que avergonzarme *realmente* y de qué era absurdo avergonzarme? ¿Cuáles eran mis inseguridades más profundas? ¿Qué podía ganar con la humillación y la discriminación? ¿Y por qué tanta gente era tan infeliz?

En mi búsqueda de respuestas, me percaté de que la infelicidad y la ansiedad pueden provenir de las relaciones sociales, no sólo de desequilibrios neuroquímicos en nuestro cerebro. Aparte de la ansiedad relacionada con la supervivencia, la desconfianza, el odio y el sentimiento de rivalidad que sentimos hacia los demás han infectado el aire que respiramos y nos han hecho sentir vergüenza por cosas de las que no deberíamos avergonzarnos, acobardados por cosas por las que no deberíamos sentirnos acobardados y neuróticamente competitivos para no ser menospreciados.

En este estado de tensión constante, nos agotamos culpándonos de cosas en las que realmente no hemos tenido la oportunidad de pensar. Con este libro, quiero decir que toda la ansiedad y la culpa son innecesarias. Quiero ofrecer apoyo a quienes están atrapados en el solitario aislamiento de la desconfianza, señalarles que aún hay personas que anhelan una vida más humana.

En nuestro mundo cínico, tenemos que aprender a prestar más atención a nosotros mismos y a quienes nos importan. Pero también tenemos que luchar contra la injusticia y la crueldad si queremos aferrarnos a nuestra humanidad y, por nuestro propio bien y el de los demás, poner de nuestra parte para construir un mundo mejor.

Para cada uno de ustedes, conforme aprenden a no envidiar lo que no son, a soportar la fría mirada del mundo exterior y a vivir como son... espero que este libro te haya hecho sentir un poco más libre para ser tú mismo.

Nos deseo buena suerte a todos.

AGRADECIMIENTOS

Me propuse escribir un libro de psicología social, fácil de leer. Dado que los libros de sociología y psicología social me resultan inmensamente consoladores y esclarecedores, pensé que también podrían ser útiles para otras personas.

Por supuesto, cuando lo escribí estaba un poco desbordada. Había días en que lo único que hacía era tirarme de los pelos, y a veces me iba de excursión a la colina que hay detrás de mi casa y me ponía a gritar como loca.

Hubo muchas otras cosas que me resultaron difíciles en su momento, y por eso quiero agradecerle a la yo de 2016 que las superara sin dejar de arreglárselas para escribir este libro. También me gustaría tranquilizarla diciéndole que sus talentos parecen suficientes para que no arruine su vida por completo, así que debería dejar de preocuparse por ello.

Para mí este libro es un manifiesto y una promesa a mí misma. Siento que he logrado cumplirla y que he interiorizado la mayoría de sus principios. Y me complace decir que me siento más sana psicológicamente.

Tengo la modesta, pero sincera esperanza de seguir dando consejos desde la felicidad, no como una escritora infeliz que les dice a los demás cómo ser felices o perpetúa una "cura" que acaba haciendo más mal que bien.

Quiero agradecer a los escritores cuya obra se convirtió en la semilla de la mía. También quiero dar las gracias a mi familia, mis amigos y mis editores por ayudarme a compartir mi trabajo con los demás.

Sobre todo, gracias a todos los que han leído mi libro, en especial a quienes están leyendo incluso estos agradecimientos. Intentaré vivir como soy en la medida de lo posible. Ésta parece ser la mejor manera de devolverles a mis lectores todo el amor y el apoyo que me han brindado.

No importa dónde estés ni qué tipo de vida vivas, te envío amor y aceptación. Gracias por acoger mi obra en tus manos.

Escribí este libro para ti. Vivamos como nosotros mismos, juntos. Hasta pronto.

Tu amiga,

Kim Suhyun

Esta obra se imprimió y encuadernó
en el mes de octubre de 2024,
en los talleres de Impregráfica Digital, S.A. de C.V.,
Av. Coyoacán 100-D, Col. Del Valle Norte,
C.P. 03103, Benito Juárez, Ciudad de México.